APERÇUS

SUR

LA POLITIQUE DE L'EUROPE

ET SUR

L'ADMINISTRATION INTÉRIEURE

DE LA FRANCE.

A Bourbon, by his wise and peaceful reign;
Shall make France happy and herself again:
Peace, his ambition, peace, his dear delight,
Each day, his study, and his pray'r, each night.
The monarch's wisdom and God's mighty arm
Shall guard contented France From every harm:
While, crown'd with weeping laurels, War shall own
Blest peace has joys, to victory's self unknown.
The Neighbr'ing, friendly nations shall confess
The Bourbons born for human happiness.

(*Extrait d'une Epître du baronnet* CROFT
à MADAME, *duchesse d'Angoulême.*)

Au lieu de ses lauriers, Bellonne, en frémissant,
Nous a vu cultiver l'olivier naissant;
Et les peuples ont dit, dans une paix profonde,
Que les Bourbons sont nés pour le bonheur du monde.

(*Traduction inédite par* M. FROMENT.)

APERÇUS

SUR

LA POLITIQUE DE L'EUROPE,

ET SUR

L'ADMINISTRATION INTÉRIEURE

DE LA FRANCE.

PAR LE COMTE DE ST.-MORYS.

Non sibi sed toti genitum se credere mundo.

A PARIS,

CHEZ L. G. MICHAUD, IMPRIMEUR DU ROI, RUE DES BONS-ENFANTS, N°. 34;
DELAUNAY ET DENTU, LIBRAIRES, PALAIS-ROYAL, GALERIE DE BOIS.

FÉVRIER 1815.

Oh is there not some patriot in whose power
That best that godlike luxury is placed
Of blessing thousands, thousands yet unborn
Through late posterity? . . . .
Yes there are such : and full on thee Bourbon,
Her hope, her stay, her darling, et her boast;
From patriotic Kings, and from heroes sprung,
Thy fond imploring country turns her eyes. (THOMPSON.)

« Ah! n'existe-t-il pas un ami de la patrie qui jouisse de cette » faculté délicieuse, de cette faculté presque divine de faire le bon» heur de plusieurs millions, de millions d'hommes encore à naître, » et de traverser ainsi les siècles, en répandant ses bienfaits jus» que sur la postérité la plus reculée ?. . . . . . .

» Oui, il en existe un : c'est toi, Louis, appui de la patrie, » son espoir, sa gloire, son idole; toi, rejeton illustre de héros et » de Rois patriotiques; c'est sur toi que la France fixe ses re» gards, c'est toi que son amour implore. »

(*Traduction de l'Auteur de cet écrit.*)

A M. DE NOAILLES,

PRINCE DE POÏX,

Pair de France, Grand d'Espagne de la première classe, Chevalier de la Toison-d'Or, Capitaine des gardes du corps du Roi, Lieutenant-général de ses armées, etc. etc. etc.

PRINCE,

Nous sommes enfin dans cet état qui a fait pendant douze ans le sujet constant de nos entretiens et de nos vœux! Cependant le bonheur que j'éprouve ne m'empêche pas de songer à une époque où nous ne vivions que de nos espérances, où nous ne jouissions que de nos souvenirs; mais où du moins nous en jouissions librement, dans le château de Mouchy.

Ce beau lieu présentait à la fois l'hospitalité la plus aimable, et la réunion la plus désirable, comme la plus rare des talents, des grâces et des vertus; mais il s'y trouvait pour moi un charme plus irrésistible encore: celui d'y entendre parler et d'y pouvoir parler sans contrainte de mon Roi, de son aimable et généreux frère, ainsi que toute la France, ainsi que toute l'Europe en parlent à présent; celui aussi de me trouver avec de preux chevaliers, l'élite de la nation, pour qui le château de Mouchy était comme un temple où le feu sacré de l'amour du Roi ne s'éteignit jamais.

Aussi, mon Prince, ni le rétablissement des dignités héréditaires de votre illustre et loyale famille, ni les bontés du Monarque, juste récompense de votre dévouement, ne peuvent vous donner la faculté de faire pour moi, au milieu de vos prospérités , autant que vous avez fait dans des circonstances bien malheureuses pour les amis de la patrie, mais surtout pour les anciens et loyaux serviteurs du Roi; car alors, vous et le fidèle duc de Mouchy, vous avez non seulement partagé ma douleur, mais vous avez encore bien voulu me confier vos nobles résolutions. Si je mets votre nom à la tête de cet écrit sans votre permission, c'est que je sais que vous m'auriez empêché de vous offrir cet hommage public que mon cœur aime à vous rendre. Il est possible même que vous n'eussiez pas voulu donner la sanction de votre nom à des opinions peut-être erronnées, mais du moins accompagnées de sentiments qui leur méritent l'indulgence ; je veux dire l'amour de la vérité, de la justice, de l'ordre, de la patrie et du Roi.

J'ai l'honneur d'être avec autant de dévouement que de respect,

PRINCE,

Votre très humble et très obéissant serviteur,

LE COMTE DE ST.-MORYS.

AVERTISSEMENT.

On trouve à la tête de cet ouvrage, la même épigraphe qui a servi au Tableau littéraire de la France, publié en 1809. Mais c'est surtout la ressemblance des principes que je désire faire remarquer : en effet, l'article sur Louis XVI, publié en 1809 sous Buonaparte, est tel qu'un ancien serviteur du Roi pourrait l'écrire en 1815 ; il y manque seulement un vœu que je me félicite de pouvoir exprimer ici : c'est que ce crime horrible, qui ne fut pas toutefois celui de la nation, mais de quelques scélérats, et d'un plus grand nombre de lâches, la nation le désavoue dans une fête annuelle et solennelle, où elle offre à Dieu ses larmes en expiation. Quant à l'article sur le despotisme, du même Tableau littéraire, le premier Français qui s'intitula dans un écrit (1) envoyé à tous les corps publics de l'Etat, *sujet de Louis XVIII, et non pas de Louis-Stanislas-Xavier,* aime à déclarer qu'il s'honorera toujours de professer les principes qui seuls soient dignes d'un sujet de ce Monarque éclairé, et qui, j'ose le dire, sont aussi le garant

(1) *Réflexions d'un sujet de Louis XVIII*, publiées le 8 avril 1814, chez Michaud, imprimeur du Roi.

le plus certain d'une fidélité sincère, constante et honorable.

Je me suis décidé à publier seule, la première partie de mon ouvrage qui traite de la politique de l'Europe, parce qu'il m'a paru que si j'attendais plus long-temps, il n'y aurait plus pour cet écrit la chance infiniment précieuse à mes yeux de pouvoir être immédiatement utile.

La seconde partie, qui sera beaucoup plus volumineuse, suivra toutefois de près, et je ne crois pas qu'il y ait trop de présomption à penser que je puis avoir découvert quelque chose sur des sujets qui m'ont occupé long-temps. Dans ma seconde partie, je recommanderai d'abord plusieurs réformes dans les établissements de sciences et d'arts, dans quelques parties de notre système militaire, dans l'éducation publique, dans l'administration des prisons et des hôpitaux; réformes dont tout le monde pourra juger facilement l'utilité et la possibilité. Mais je traiterai aussi des moyens d'établir, dans diverses branches du gouvernement, un ordre nouveau, fondé sur un système qui embrasse toutes les connaissances humaines, et qui, cependant, a paru fort clair à des hommes doués d'un très bon esprit, auxquels je l'ai soumis, et qui m'ont engagé à le perfectionner pour des temps plus heureux que ceux où nous vivions alors.

INTRODUCTION

Des Aperçus sur la politique de l'Europe, et sur l'administration intérieure de France.

Si jamais auteur a pu dire que ce n'était pas l'espoir de satisfaire son amour-propre qui lui mettait la plume à la main, c'est moi assurément qui en ai le droit.

Je commence en effet cet écrit tout en sachant bien que je n'aurai pas le temps d'y donner les soins qui, peut-être, le rendraient plus digne des suffrages des hommes distingués par leurs connaissances ou leurs talents. Cependant, des motifs qui m'ont paru importants, m'ont engagé à n'en pas différer la publication. J'ai pensé qu'après une époque où l'on a tant abusé de l'imprimerie, que dans un temps où des insensés et des pervers en abusent encore, il fallait que tous les hommes de l'Europe, assez honnêtes pour vouloir éviter également l'écueil du despotisme et celui de la licence, assez éclairés pour vouloir marcher dans cette route d'un pas ferme, se réunissent pour émettre leur opinion et faire cause commune. J'ai pensé qu'en France, surtout, il était nécessaire que les citoyens zélés aidassent de tous leurs moyens l'action d'un gouvernement dont le seul but est le bonheur de la patrie et la tranquillité de l'Europe; et dès-lors j'ai dû rejeter les calculs de l'amour-propre, et rester étranger à tout autre sentiment qu'à celui qui m'a montré un devoir à remplir.

Je vais donc présenter mes idées sur les rapports politiques de l'Europe, et sur le gouvernement intérieur de la France. Ces idées, peut-être mal exprimées, auront cependant au moins le mérite de venir du cœur, puisqu'il est question de mes semblables, ainsi que de ma patrie et de mon Roi, qu'il m'est enfin permis de confondre dans le même amour.

Pendant le règne de Buonaparte, je travaillais dans le silence et l'obscurité, avec le chagrin profond de vivre sous la puissance d'un homme tout-à-fait indigne de régner, d'un tyran absurde et féroce, qui nous rappelait toute la barbarie des anciens temps, au milieu des prodiges de la civilisation moderne, et qui ne se servait de la civilisation même que pour établir plus sûrement son despotisme.

J'étais humilié de voir ma nation soumise à un être dont l'intelligence est, il est vrai, au-dessus du commun, mais dont l'ame est au-dessous des ames les plus vulgaires, et dont le talent faisait ressortir encore mieux tout ce que son caractère a d'odieux et de vil.

Il était inutile sans doute de chercher à rien

améliorer sous un chef qui ne voulait perfectionner dans le gouvernement que l'action intérieure et extérieure du pouvoir, et pour qui le bonheur des autres, la pitié, la bienfaisance, l'humanité, la justice furent toujours des mots vides de sens.

Je n'aurais donc pas eu le courage d'occuper mon esprit de la plupart des considérations qui vont suivre, puisque je savais qu'elles seraient toujours demeurées sans résultat sous Buonaparte, sous les hommes dressés par lui au despotisme, et sous ce qu'il appelait si ridiculement *sa dynastie* (1) : mais j'avais vu le remède à tant de maux dans leur excès ; je m'étais consolé en pensant que les crimes de Buonaparte amèneraient sa chute et celle de sa famille (2).

J'ose espérer que ce n'est pas à présent qu'on

---

(1) Le mot dynastie ne peut s'appliquer qu'à une longue suite de souverains ; *le Dictionnaire de l'Académie* eût suffi à Napoléon Buonaparte pour éviter cette impropriété de termes, s'il n'eût pas eu l'intention constante de tromper et de pervertir toutes les idées d'après ses misérables conceptions. On éprouve un sentiment pénible en trouvant qu'il avait réduit l'Université de France à parler le langage ridicule d'un *Corse* dans le serment qu'elle lui prêtait, et où le mensonge et la bassesse sont aussi remarquables que la fausseté de l'expression.

(2) Je parle ici de ceux qui ont partagé ses crimes, ses fureurs et sa fortune, et qui persistent à vouloir retenir des grandeurs dont rien ne justifie la possession aux yeux des peuples. (Voyez le *Dictionnaire biographique*, article MURAT).

me reprochera de manquer de modération. Je fais ce que je crois utile, et ce qui le sera toujours dans de telles conjonctures, c'est de dire la vérité : nous avions presque perdu l'habitude de l'entendre; et, pour emprunter les expressions de le Laboureur, je pense qu'il faudrait pouvoir la dire avec tout l'éclat de son tonnerre, quand il est question de ces crimes qui désolent les nations, et font descendre des races entières dans la tombe.

Nos maux ont été finis, il est vrai, le jour où des princes de cette famille à qui la France doit Henri IV et Louis XVIII, sont venus nous parler ce langage affectueux qui rend la majesté aimable, l'obéissance facile; et les Français ont dû concevoir les espérances les plus brillantes du moment où chaque mot, où chaque action du Monarque nous ont montré un prince à qui il est inutile de dire que le bonheur des peuples est un devoir des rois, puisqu'il met tout son bonheur à remplir ce devoir. Mais, sous un tel roi, quelle excuse aurait-on pour se dispenser de payer sa dette à la patrie, quand surtout la patrie se trouve dans une circonstance qui lui rend si nécessaire le secours de ses enfants les plus tendres et les plus fidèles, et quand l'Europe est aussi dans une crise d'où le concours de toutes les lumières, de toutes les vertus peut seule la faire sortir heureusement ?

Quelque faibles que puissent être mes efforts, je vais chercher à m'acquitter de cette dette (1). Il convient peut-être plus qu'à tout autre, à un homme dévoué dès sa plus tendre jeunesse à ses princes légitimes, mais qui n'a jamais rampé sous aucun chef, de prononcer les mots de liberté et de patrie; il convient peut-être plus qu'à tout autre à celui que la révolution a dépouillé de tout ce qu'elle pouvait lui ôter, de vanter les avantages des lumières et de la philosophie. Certes, ce n'est pas la propagation des lumières qui a amené la France à n'être plus que l'instrument de l'ambition et des fureurs d'un nouvel Attila, qui voulait imposer son joug à l'Europe, joug contre lequel toute l'Europe s'est levée en armes. C'est, au contraire, le défaut de lumières dans les classes moyennes et inférieures de la nation française qui a rendu son asservissement si facile, si complet et si funeste à elle-même et aux autres peuples, tant sous les Robespierre que sous les Buonaparte. Mais si on attaque la philosophie, oublie-t-on donc que c'est un autre Marc-Aurèle, revenu de son exil d'Hartwell, qui a fondé l'édifice du bonheur social en France; que c'est à un philosophe couronné, l'honneur de la nation russe et de l'espèce humaine; que

(1) Quoniam vita brevis est quodcumque utile à nobis fieri potest, ut nos vixisse ostendamus faciamus.

c'est à un roi, noble élève des Lessing, des Kant, des Herder, que nous devons la conservation de notre capitale et de tous ces trésors de génie, de raison et de goût, amassés depuis si long-temps? Ces trésors devaient en effet être respectés par des princes qui ont appris des vrais philosophes à compter pour quelque chose le jugement de l'espèce humaine, celui de la postérité et leur conscience.

Mais ce n'est pas seulement la France, c'est l'Europe entière qui doit remercier la philosophie. La conduite modérée des rois coalisés est son premier ouvrage; mais cela ne suffisait pas pour assurer à l'avenir la paix intérieure des Etats. Et en effet, peut-on se faire une idée de ce que seraient devenues les institutions monarchiques, si le rétablissement de plusieurs anciennes monarchies n'eût eu pour résultat que de donner une autre direction à des mesures violentes? Il n'y eût eu de changé que le seul nom du chef par l'ordre duquel elles se fussent exercées. En vain l'on eût allégué que si la monarchie absolue, sans autre contre-poids, sans autre garantie que la vertu du prince et de ses ministres, est un gouvernement dangereux, même sous la race des souverains légitimes, ce n'est pas toutefois un motif pour se priver des avantages de la monarchie limitée, gouvernement sage et également propre à produire la sûreté des souverains comme le bonheur des peuples. En vain on eût essayé de convaincre la mauvaise foi, et de faire entendre aux passions et à l'ignorance le langage du patriotisme et de la raison.

Les démagogues, et tous ceux pour qui la confusion est désirable, puisqu'elle présente des chances à la médiocrité et à la bassesse, eussent persisté à calomnier la monarchie, et à soulever le peuple par des diatribes qui, quoique mal fondées, eussent été toutefois très nuisibles à la tranquillité des États.

Combien n'est-il donc pas heureux que, parmi les rois rétablis sur leurs anciens trônes, il se soit trouvé un roi aussi fort de ses lumières et de sa bonté que Louis XVIII ! L'Europe a encore une autre obligation à ce monarque. On ne pouvait chercher ailleurs qu'en Angleterre un modèle de la monarchie tempérée ; et les gens qui ne veulent pas faire d'efforts pour se mettre au niveau de leur siècle, et qui trouvent plus commode de rechercher, non ce qui est bon et utile en soi, mais ce qui a été fait et dit précédemment, auraient assuré, avec le ton décisif ordinaire à l'ignorance, que les Anglais ne pouvaient jouir d'un certain degré de liberté que parce qu'ils étaient dans des circonstances différentes de celles où se trouvent les autres peuples du continent. Cette objection, favorable aux monarchies despotiques, n'a plus de force ; et c'est le roi de

France qui aura prouvé à tous les monarques comme à tous les peuples de l'Europe, qu'il peut exister ailleurs qu'en Angleterre une autorité très forte sans arbitraire, une liberté très étendue sans licence. Il fallait pour cela qu'il se rencontrât un prince tout à la fois supérieur aux passions par son caractère, et égal, par son intelligence, à la plus grande tâche qu'aucun homme puisse avoir à remplir, celle de législateur. Ce prince répare seul, en effet, les maux que tant de Français turbulents et ambitieux ont faits en produisant, sous l'espoir et le nom séduisant de liberté, tous les désordres de l'anarchie. La France a recueilli à la fois tous les éléments de son bonheur en réunissant les princes de la famille royale. Il était impossible de mieux apprécier qu'ils ne l'ont fait, la nation la plus aimante et la plus sensible. Aussi c'est avec la plus grande facilité qu'ils ont ranimé dans tous les cœurs un sentiment également utile à ceux qui l'éprouvent et à ceux qui en sont l'objet; je veux dire l'attachement de la nation à ses rois, qu'on pourrait presque appeler une vertu française, et que vingt-cinq ans de malheurs et de corruption n'ont pu détruire. Mais si nous éprouvons la jouissance de voir que nos nouvelles institutions sont susceptibles, après avoir fait notre bonheur, de servir d'exemple aux autres nations, nous ne sommes pas, j'espère, moins fondés à compter sur la tranquillité de l'Europe, dont la nôtre dépend nécessairement. Les circonstances paraissent des plus propres, en effet, à autoriser cet espoir. Les souverains puissants qui sont réunis, ayant été eux-mêmes victimes de la violence et de l'injustice, doivent être d'autant plus disposés à croire que la justice est la meilleure; que dis-je? la seule bonne politique, la seule conforme à leur intérêt véritable. Ces souverains ont la noble ambition, et ont aussi joui de la gloire d'être les sauveurs de l'Europe: espérons qu'ils ne seront pas moins sensibles à celle d'être les bienfaiteurs de leur propre pays, de l'espèce humaine et de la postérité. Mais, pour assurer un bienfait commun à tous, et le premier besoin de chacun, celui de la paix et de l'indépendance, il faut aussi que chacun veuille d'abord considérer l'intérêt général de l'humanité, et subordonner à cet intérêt toutes les considérations secondaires C'est ce que j'attends à la fois du noble caractère et de l'esprit éclairé des souverains dont je viens de parler : je suis convaincu qu'ils seront eux-mêmes fatigués de tous ces grands secrets de la politique, qui ne sont en effet que des symptômes et des preuves d'ignorance et de faiblesse dans ceux qui sont fiers de les posséder. Ils dédaigneront donc tous les petits obstacles dont on cherche à les circonvenir; ils marcheront droit au but le plus glorieux comme le plus utile, et rempliront toutes les espérances que les hommes ont dû concevoir quand ils ont vu simultanément sur les trônes de l'Europe des princes si dignes de leurs hommages. On se flatte donc de voir que tous les principes d'humanité, de justice seront non-seulement reconnus dans le congrès, mais appliqués de manière à faire de l'époque de cette grande réunion, une des plus glorieuses de l'histoire; et voici ce que j'ose attendre des souverains :

1°. Qu'ils ordonneront l'abolition de ce trafic impie appelé *traite des nègres*, en attendant qu'ils puissent faire cesser leur esclavage dans les colonies, sans danger pour les colons.

2°. Qu'ils prendront tous de concert des mesures pour que les puissances barbaresques soient forcées à reconnaître les maximes du droit public des nations.

3°. Qu'ils ne souffriront plus qu'un trône soit occupé aux dépens de la famille des princes légitimes, par un suppôt de ce honteux despotisme qui faillit faire rétrograder l'espèce humaine de plusieurs siècles, et qui a fait verser tant de sang dans celui où nous vivons ; qu'ainsi Joachim Murat, roi de Naples, dont les seuls droits à cette couronne sont les services qu'il rendit à Napoléon Buonaparte, à Vincennes et à Madrid, apprendra, en recevant l'ordre de la quitter, qui lui sera intimé par le congrès, que les peuples ne se donnent pas comme des troupeaux, et que quand la force a cessé, ses actes doivent être considérés comme non avenus ; qu'il existe un droit plus sacré que les arrangements politiques de Napoléon Buonaparte, celui de l'hérédité des trônes; droit d'autant plus respectable, qu'il fait la sûreté des souverains comme celle des peuples; droit qui existe dans toute sa plénitude en faveur de la dynastie des rois légitimes de Naples.

Que, d'après les mêmes principes, les faiblesses qu'on reproche au roi de Saxe, et dont les preuves évidentes manquent d'ailleurs encore, ne seront pas regardées comme un motif suffisant pour priver un roi légitime de sa couronne; qu'ainsi la Saxe sera rendue à son roi, et ce roi à son peuple, qui désire vivre sous son gouvernement.

Que les villes anséatiques, auxquelles certes l'Europe n'a point à adresser de reproches, mais, au contraire, à témoigner de la reconnaissance, conserveront une indépendance à laquelle elles ont doublement droit, parce qu'elles ont aidé avec zèle les autres peuples à conquérir la leur sur l'ennemi commun du genre humain.

Qu'enfin les souverains réunis improuvent les scènes de destruction qui ont eu lieu à Washington, qui ne sont pas les crimes de la généreuse nation anglaise, mais qui sont, au contraire, indignes d'elle comme des temps où nous vivons.

Il n'est pas un seul homme honnête qui n'ait fait dans son cœur les mêmes voeux que je viens d'énoncer. Il n'en est pas un seul qui ne se réjouisse en pensant que la justice pourrait aussi faire dorénavant la base des transactions entre les états ; mais des hommes qui se croient profonds en politique, pensent pouvoir présenter aux rois quelque chose de meilleur que la justice, et voudraient nous persuader que la morale n'est faite que pour les particuliers. Je vais essayer de montrer que l'intérêt des puissances est d'accord avec elle, et que cette prétendue nécessité de séparer ce qui est honorable d'avec ce qui est utile, n'existe que dans les esprits rétrécis et dans les cœurs corrompus, et qu'elle n'est pas un résultat des rapports essentiels des choses. Penser ainsi serait faire injure à la nature humaine et blasphêmer la Divinité, qui a créé les rapports essentiels sur lesquels est fondé le droit naturel.

DE LA POLITIQUE

DES

ÉTATS D'EUROPE.

PREMIÈRE PARTIE.

DE LA POLITIQUE

DES

ÉTATS D'EUROPE.

CHAPITRE Ier.

Des principes éternels de la justice, considérés comme base de la politique extérieure et intérieure des états d'Europe.

De même que dans l'intérieur de chaque empire il existe pour régler les devoirs des citoyens et leurs rapports entr'eux, des lois qui sont fondées sur la nature de l'homme ; de même il existe aussi pour les sociétés entre elles des lois qui sont basées sur la nature de ces sociétés. Ces lois de deux espèces qui ont un principe commun, ont aussi un objet presque semblable. En effet, celles qui régissent l'intérieur des états doivent tendre à assurer le bonheur des individus et des familles, à favoriser le plus grand développement des facultés, et n'admettre d'autres entraves que celles qui servent à empêcher l'abus de ces mêmes facultés, celles qui règlent les rapports des sociétés entre elles, proclament une indépendance de nation à nation, qui ressemble à l'indépendance où les citoyens sont les uns des autres, et prescrivent des obligations qui ne diffèrent presque pas de celles des individus; en effet, leur base est non seulement qu'aucun peuple n'a le droit de nuire à un autre peuple, mais que chaque nation doit au contraire contribuer autant qu'elle en a la faculté à répandre les découvertes ou les institutions qui peuvent rendre les hommes en général plus éclairés et plus vertueux, ou, en d'autres termes, meilleurs et plus heureux. L'origine de ces lois est aussi également sacrée, car c'est Dieu, qui, en donnant à l'homme des inclinations sociales, et la raison pour découvrir ce qui est bon et ce qui est juste, a posé d'une manière immuable les principes généraux qui doivent régir la politique intérieure et extérieure de toutes les associations humaines (1);

---

(1) J'ai été obligé de franchir plusieurs idées intermédiaires; car je ne fais point ici un traité de droit naturel, et je ne puis présenter que le résultat de mes réflexions, mais non la preuve de leur justesse. Pour me faire mieux comprendre, quoiqu'en peu de mots, je vais rapprocher les propositions suivantes : Les hommes étant partout et de tous les temps réunis dans l'état de société, cet état est évidemment l'état naturel à l'homme; car la volonté de Dieu à l'égard de l'homme s'exprime dans ce cas par un fait, celui de l'existence des sociétés. La nature de l'individu est également conforme à la loi de son espèce; et ses inclinations, ses besoins, ses

et ce mot de *toutes* convient ici très bien, car il est impossible qu'il n'y en ait pas plusieurs dans chaque partie du monde : la configuration de notre globe coupé par des fleuves, des montagnes, des mers, son étendue relativement à la faiblesse de l'homme, la diversité des langues qui est le résultat de ces circonstances, nécessitent la séparation des sociétés, autant que leur essence morale établit leur droit à l'indépendance.

Une guerre entreprise par un peuple dans la vue d'en conquérir un autre, ou même seulement une usurpation faite sur son indépendance par des moyens moins violents, sont donc le plus grand acte de rébellion contre l'ordre établi et voulu par Dieu, qu'un ou plusieurs individus revêtus de l'autorité souveraine puissent commettre. C'est en effet un crime contre les milliers d'hommes, menés à cette guerre injuste, comme contre les milliers d'hommes atta-

---

plaisirs en font un être éminemment social. Mais par son essence il est doué également de raison, et la raison n'est que la faculté de connaître ce qui est vrai, bon, beau et juste. Dès-lors les rapports des familles, comme ceux des états, ont dû être fondés, d'après la nature même des êtres, sur ce qui est vrai, bon, beau et juste. Autrement les sociétés auraient des bases contraires à la nature de l'homme, et dès-lors aussi à la volonté de Dieu créateur de l'homme. Le fait de l'état de la société, la division nécessaire des sociétés et l'existence de la raison humaine, voilà les causes et la source du droit naturel, du droit civil et du droit politique.

qués ou subjugués. Aussi, sans aucune exagération, le plus grand criminel qui ait jamais existé sur la face de la terre, c'est Napoléon Buonaparte; semblable au satan de Milton (1), il peut se féliciter de la grandeur de son crime, et se consoler en pensant que dans cette carrière, au moins, il est sans rival; et pour ne dire que la vérité, jamais être constitué ainsi que le reste des hommes, ne s'est autant montré leur supérieur par ses excès monstrueux. A diverses époques on a bien vu des conquérants plus cruels que Buonaparte, plus habituellement féroces que lui, tels que Caligula et Mahomet II, qui, esclaves de leurs passions, ont été les tyrans de l'humanité. On le conçoit d'autant mieux, qu'alors la civilisation était imparfaite et que la force tenait lieu de droit. Mais qu'à une époque où les écrits des Wolf, des Mably, des Delolme, des Montesquieu, étaient généralement répandus, commentés, admirés; que d'un des pays les plus civili-

---

(1) Satan exalted sat, by merit raised
To that bad eminence......

Satan, dans tout l'éclat de sa magnificence,
S'assied en souverain; triste prééminence
Qui paya son mérite et nourrit son orgueil!
Le plus haut rang pour lui n'est qu'un plus haut écueil;
Son désespoir l'y suit..... DELILLE.

sés du monde, où il n'était pas né, mais où il avait reçu le bienfait de l'éducation, un homme soit sorti, lequel ait rêvé d'asservir l'espèce humaine entière, d'anéantir les lois immuables qui la régissent, et de mettre sa volonté à leur place; c'est une audace qui semble fabuleuse comme celle des Titans. Il est toutefois une chose qui me paraît presque aussi étonnante que les actions de Buonaparte, ce sont les opinions d'un écrivain plein de talent et de probité, qui était loin de vouloir flatter le tyran, et qui, cependant, nous a prêché, du temps même de Buonaparte, les avantages de la réunion de tous les pouvoirs dans la mains d'un seul homme; et ce qui n'est pas moins inconcevable, c'est que l'on continue à louer la profondeur de cet écrivain qui nous assure que Montesquieu est un esprit superficiel. Sans doute il se croit plus profond quand il nous dit du ton d'un législateur :

La nature établit partout de grands pouvoirs, et constitue l'homme, l'état, le monde politique, l'univers par une direction unique de forces.

Dans l'état, tous les hommes doivent être subordonnés au pouvoir d'un seul homme.

Dans le monde politique, tous les peuples doivent être de même subordonnés à un seul peuple (1).

(1) *La Législation primitive*, 3 vol. in-8°., a été publiée en 1802.

La balance du pouvoir est une idée fausse, puisqu'elle suppose plusieurs pouvoirs dans un même état.

L'équilibre n'entre pas plus dans le systéme naturel du gouvernement des sociétés, et l'on peut même assurer, que tant que des peuples voisins sont en guerre les uns contre les autres, ils cherchent à se mettre en équilibre, et que tant qu'ils cherchent l'équilibre, ils sont en guerre; cercle vicieux dont ils ne peuvent sortir qu'en recourant à l'unité de pouvoir. Balance, équilibre, lutte entre des forces opposées, où le repos est un accident, et la guerre un état; petites images dont on a voulu faire de grandes idées (1).

Voilà cependant les maximes qui, depuis plus de dix ans, ont dû faire la règle de la conduite de tous les hommes exerçant des magistratures dans l'état. Voilà les principes qu'ils ont été forcés, ainsi que les hommes de lettres, de prendre pour base de leurs discours et de leurs écrits, s'ils ne préféraient se condamner au silence; et voilà en effet ce qui a été prôné dans les assemblées de la capitale, et célébré dans

---

(1) L'article dont j'ai extrait mot pour mot ce qui a rapport à l'unité du pouvoir dans l'état et dans l'univers politique a été imprimé dans le *Mercure* du mois de juin 1807, et réimprimé dans un autre journal périodique sous le titre suivant : *De l'Equilibre politique en Europe.*

toutes les publications pendant le règne de Buonaparte. Il était naturel que l'intolérance fût réduite en principe, par l'écrivain qui a voulu établir la légitimité comme la nécessité du despotisme. C'est aussi ce qu'on trouve dans un livre en trois volumes, où repose le système monstrueux que l'auteur s'est plu à appeler *législation primitive.*

C'est donc en vain, comme le dit un de nos écrivains célèbres, que Montesquieu aurait retrouvé, pour le genre humain, ses titres perdus, puisque M. de Bonald devait anéantir à la fois les titres et l'autorité de Montesquieu. Mais le despotisme a passé en France, et le despote aussi, et quelque douce que la justice tirée de lui ait été, cette justice est cependant faite (1) ; mais la vérité existe, et existera malgré les sophismes de M. de Bonald. De même, le bien que cet écrivain a fait en exerçant sa plume sur des intérêts de la société, qu'il a mieux compris que les grands principes qui en font la base, existe, et on

---

(1) Je ne demande pas que cette justice soit plus sévère; mais on ne peut cependant s'empêcher de désirer qu'en éloignant Buonaparte du théâtre de ses crimes, on lui ôte la possibilité d'en essayer de nouveaux de concert avec quelques hommes qui n'ont plus rien à perdre du côté de l'honneur, et qui n'ont rien à espérer pour l'agrandissement de leur fortune que de leur coopération aux projets d'un criminel, qui puisse apprécier le mérite affreux, mais réel à ses yeux, de lui ressembler en quelques points.

doit lui en savoir gré. Ma raison, pour combattre des ouvrages d'un homme qui m'est tout-à-fait supérieur, c'est que plus le caractère d'un écrivain est respectable, plus ses productions sont remarquables par le style, plus aussi le danger de ses opinions est grand; il me semble d'ailleurs absolument nécessaire de signaler des erreurs spéculatives, dont l'application a été si funeste et si terrible de notre temps.

Et si j'ose écrire sur les mêmes sujets, c'est que je sais qu'il faut bien moins de talent pour présenter des idées qui se rattachent à tout ce que les premiers hommes des temps anciens et des temps modernes ont pensé et écrit, à tout ce que les esprits justes approuvent, à tout ce que les cœurs généreux désirent, qu'il ne m'en faudrait pour me faire lire avec intérêt, si je me mettais en contradiction avec les Platon, les Cicéron, les Wolf, les Hume, les Montesquieu; et la tâche que j'essaie de remplir est en effet beaucoup plus aisée et beaucoup plus conforme au peu d'étendue de mes connaissances et à la médiocrité de mes talents, puisque je marche appuyé d'autorités dont presque personne n'a contesté la valeur. Au surplus, toutes les opinions utiles, ont fait et feront constamment des progrès par la seule force des choses; et c'est en vain qu'on voudra déshonorer les principes utiles à l'humanité, parce qu'ils ont été professés par Voltaire et par plusieurs hommes célèbres de son temps, auxquels on peut justement reprocher d'avoir répandu d'autres opinions dangereuses, ou même coupables. De même, c'est en vain qu'on voudra faire admirer à la nation des principes de politique erronés, parce qu'ils se trouvent dans Bossuet; l'autorité de cet illustre écrivain, toute respectable qu'elle soit, ne peut pas prévaloir contre la raison perfectionnée de tous les hommes, qui, quoiqu'individuellement inférieurs à ce grand orateur chrétien, ont l'avantage d'avoir examiné depuis lui, les mêmes matières, et sans les préjugés, comme sans les passions qui souvent ont obscurci cette intelligence si lumineuse.

Nous pouvons nous flatter, je crois, que tous ces moyens de nous faire désirer le despotisme, sont usés, et seront sans effet. Quel espoir, d'ailleurs, peuvent avoir ceux qui le regrettent, depuis que le Roi s'est servi d'une autorité que toute la nation s'est empressée de reconnaître, pour instituer en France la liberté, et pour poser des bornes au pouvoir du souverain? Et qu'on remarque bien ici, que la liberté a gagné tout, à cette confiance sans bornes que le Roi avait justement inspirée; car nos constitutions ne sont pas, ainsi qu'en Angleterre, une collection de lois successives comme la grande charte arrachée à un roi faible par des barons factieux, ou comme divers actes favorables à la liberté, obtenus en présentant des subsides pour prix de l'assentiment royal : c'est un contrat où le monarque héréditaire du plus ancien et du plus beau trône de l'Europe, stipulant volontairement pour lui et sa famille, restreint ses droits sacrés (1), et les rend ainsi plus sacrés. Aussi, ce n'est pas seulement l'élévation de l'ame qui me paraît caractériser la conduite du Roi, mais c'est encore une profondeur de jugement et de connaissance des affaires humaines également remarquables.

S. M. a reconnu dans les sociétés une tendance vers le perfectionnement qu'il était impossible de comprimer; et en effet, toute la tyrannie de Buonaparte y a échoué, toutes les tyrannies du monde y échoueront si elles l'essaient; et sur ce point comme en physique, la réaction sera toujours égale à l'action. Le perfectionnement progressif dont je parle, n'est pas cette perfecti-

(1) Tout le monde à présent admire la conduite que le Roi a tenue, mais je ne puis m'empêcher de faire ici une remarque qui m'a été suggérée plusieurs fois par l'insuffisance de mon jugement, et même de celui d'hommes qui me sont infiniment supérieurs. J'ai donc entendu dire que telle ou telle démarche du Roi était impolitique ou manquait de cette vigueur si nécessaire au chef d'un grand état; mais je me suis constamment aperçu qu'on avait porté un faux jugement, uniquement parce qu'on n'avait pas compris l'ensemble du système d'après lequel Sa Majesté agit, et qui n'a pu être conçu que par la plus vaste intelligence.

bilité indéfinie dont les hommes qui n'aiment que le passé ont horreur, et qui, malheureusement pour l'humanité, n'est qu'un rêve, au moins dans ce monde; j'entends seulement parler ici de l'effort inhérent à l'ame humaine pour arriver à ce qui est beau et bon; effort qu'il faut bien se garder de comprimer, puisque, quelle que soit l'idée qu'on ait de son influence sur l'amélioration des sociétés, il ne peut exister aucun doute sur son utilité pour le maintien de l'ordre dans ces mêmes sociétés.

Watel, homme d'un excellent esprit, et dont le nom n'effraie point les ennemis de la philosophie, comme ceux des Voltaire, des Buffon, des Rousseau, des Montesquieu, écrivait à ce sujet, dans son *Traité du Droit des Gens*, publié vers le milieu du dernier siècle, quelque chose que je me plais à citer comme prophétique de ce que le retour du Roi a produit en France, et aussi comme conforme aux idées que j'ai déjà énoncées sur le perfectionnement des sociétés. « La Providence » dit-il, donne quelquefois au monde des rois et » des ministres pénétrés de cette grande vérité, » qu'il n'est point de meilleure politique que celle » qui est fondée sur la vertu : ne perdons pas » l'espoir que le nombre de ces sages conduc- » teurs des nations se multipliera quelque jour; » en attendant, que chacun de nous travaille

» dans sa sphère à amener des temps si heu-
» reux. »

Pour moi, j'ose espérer que ces temps heureux sont arrivés. L'Europe présente de tous côtés un aspect consolant, et l'impulsion que le Roi de France a donnée est sensible. Il existe un besoin général de justice ; et j'espère que ce besoin, qui se montre dans le gouvernement intérieur de plusieurs états, dirigera aussi les vues des souverains dans les rapports extérieurs des nations qu'ils représentent au congrès.

Mon intention est de traiter à présent avec plus de développement chacun des sujets que j'ai déjà indiqués dans mon introduction, et sur lesquels je me suis permis d'énoncer mes vœux et mes espérances. J'espère parvenir à prouver que l'intérêt éclairé des puissances leur conseille aussi les mesures, que je recommande à leur justice : c'est de leur discussion que je vais m'occuper dans ce qui suit ; et quand j'aurai indiqué d'abord les mesures que je crois les plus utiles, parce qu'elles sont les plus justes, je m'éléverai jusqu'à des considérations générales sur le sort à venir des peuples. Ces considérations auront pour but de présenter des moyens de consolider la paix ; j'ose espérer qu'on les jugera applicables à tous les pays et à tous les siècles.

CHAPITRE II.

APPLICATION DES PRINCIPES.

PREMIÈRE DIVISION.

Traite et Esclavage des Nègres.

J'AI lu presque tout ce qui a été écrit pour ou contre la traite des nègres ; l'égoïsme ou la prévention ont conduit la plume de la plupart des écrivains des deux partis, mais il en est aussi qui montrent uniquement la passion qui devrait animer tous les hommes, j'entends celle de la justice. Parmi ceux-ci, l'écrivain qui me paraît à la fois avoir agi avec le plus d'énergie et de suite, avoir discuté avec le plus de calme et de logique, c'est le respectable M. Clarkson. La persévérance qu'il a mise pour arriver au but qu'il s'était proposé, le place, dans l'opinion publique, à côté d'un orateur célèbre de la chambre des communes d'Angleterre, dont le zèle, l'éloquence, la constance inébranlable ont été également nécessaires au succès de la cause des nègres. Mes lecteurs ont déjà nommé M. Wilberforce; et, en effet, M. Wilberforce et surtout M. Clarkson, qui fit de l'abolition de la traite la seule affaire de sa vie, me semblent dignes d'être comparés a cet admirable Howard, qui fit aussi son unique occupation de secourir, dans tous les pays, des infortunes non moins affreuses que celles des nègres. Comme Howard, M. Clarkson n'eut d'autre mobile que le besoin insatiable de faire le bien; comme lui, il ne rechercha ni les jouissances de l'ambition, ni celles de l'amour-propre : ses droits à la gloire n'en sont toutefois que plus certains. Mais il faut me souvenir aussi que cet ami de l'humanité, heureusement pour elle, existe encore, et éviter de blesser sa modestie par des éloges qu'il a cependant si bien mérités.

M. Clarkson vient de faire réimprimer en France la traduction d'un de ses écrits, intitulé : *Essai sur les désavantages politiques de la Traite des Nègres*, qui avait paru en 1789, à Paris, et cette édition, ainsi que celle de plusieurs de ses autres ouvrages, n'a été faite par lui, et à ses frais (1), que pour être distribuée à ceux dont le cœur n'est point entièrement fermé, par la prévention et l'intérêt personnel, aux accents de la raison et de l'humanité. C'est une chose

(1) M. Clarkson n'est pas le seul Anglais qui se soit servi de notre langue pour nous faire entendre les plaintes de l'humanité outragée. Le baronnet anglais, Herbert Croft, que sa connaissance de notre idiome, et encore plus ses sentiments pour notre Roi, feraient prendre pour un Français, a adressé dans notre langue au congrès un éloquent plaidoyer contre la traite des nègres.

étrange sans doute qu'il ait fallu à l'éloquence et à la logique réunies des discours de M. Wilberforce, et des écrits de M. Clarkson, près de vingt ans pour persuader les Anglais. Mais l'Europe serait plus inexcusable que l'Angleterre, si elle résistait tout à la fois aux lumières de la raison, et à celles qui résultent d'une expérience déjà faite par trois puissances, les Etats-Unis, l'Angleterre et le Danemarck; et cette expérience prouve que nous n'avons pas même un prétexte d'intérêt public pour être cruels. Je vais établir cette vérité, en me servant souvent des arguments de M. Clarkson. Pendant vingt-cinq ans il a acquis malheureusement trop de preuves de toutes les cruautés qui accompagnent la traite, et dont elle-même est la première et la seule cause (1).

(1) L'Institution Africaine, dont l'existence date de 1807, a fait ce que le parlement ne pouvait pas faire, en surveillant l'exécution de l'acte de l'abolition de la traite, en dénonçant et poursuivant à ses frais ceux qui sont en contravention avec cet acte, en faisant déclarer par le parlement ces contraventions *félonies*, c'est-à-dire crime capital. Le compte rendu des travaux de cette société est publié annuellement, et l'on peut adresser constamment à son secrétaire les informations qu'on regarde comme importantes pour amener l'entière abolition de la traite des nègres. Cette institution, composée d'hommes d'un talent distingué, a pensé que tout ce qu'elle pourrait faire en essayant de répandre les lumières de la religion et de la civilisation parmi les nègres, pour y encourager le commerce et l'agriculture, était d'un intérêt secondaire; que le premier intérêt de tous était de veiller à ce que l'acte qui a aboli la

Ses amis, ou lui-même, ont réfuté tous les arguments suggérés par l'avarice, l'ignorance et la cupidité. Il a dévoilé tous les mensonges inspirés par de viles passions; et tandis qu'il accumulait les preuves, malheureusement trop nombreuses, qui démontrent toutes les horribles conséquences de la traite, il n'a pas rencontré dans les publications anglaises un seul raisonnement nouveau, ni un seul fait qui méritât d'être combattu, contredit ou expliqué. Aussi a-t-il jugé suffisant de reproduire, en 1814, la traduction de son livre, telle qu'elle a paru il y a vingt-cinq ans.

La chose devait être ainsi, puisqu'il était question d'un de ces grands droits d'un côté, de ces grands devoirs de l'autre, également immuables, que tous les sophismes et toutes les passions ne peuvent faire oublier, ni effacer. Mais pendant cet intervalle où nous étions séparés de l'Europe par la faute d'un seul homme : *Unius ob noxam et furias....*, il a paru des écrits qui auraient peut-être été plus remarqués et plus connus en Angleterre, si l'Europe n'eût pas été

---

traite reçût son exécution. En effet, tant que la possibilité de vendre des hommes existera, il est à craindre que l'habitude de ce commerce et un intérêt mal entendu ne soient plus forts que toutes les raisons, même que l'exemple. Cependant l'Institution Africaine n'a pas non plus négligé les moyens secondaires, et sa correspondance avec M. Ludlam, gouverneur de Sierra-Leone, et avec le major Maxwell, commandant à Gorée, le prouve assez.

elle-même occupée de ses dangers. Ces ouvrages ont au moins été lus en France, et c'est à des Français, et pour l'intérêt des Français, qu'il appartient de les discuter. En effet, la tâche de la nation britannique est remplie, la traite est abolie par elle, et un million d'hommes de cette véritablement grande nation a demandé aussi au parlement (1) l'abolition de l'esclavage. Mais les efforts des Américains et des Anglais auraient un effet beaucoup moins grand, si les autres nations ne coopéraient pas à leurs mesures. En effet, quelque prépondérante que soit la puissance navale de la Grande-Bretagne, lorsqu'il s'agit de décider une question par la force, c'est-à-

(1) Huit cent soixante-une pétitions des principales villes des royaumes-unis, signées par un million environ de cette classe d'hommes les plus capables d'apprécier les conséquences de leurs démarches, ont été adressées au parlement en 1812 et 1813 pour le supplier d'ordonner l'abolition de l'esclavage, et l'on a déjà à citer des exemples authentiques de maîtres qui, dans la Jamaïque, ont affranchi leurs esclaves. Malheureusement aussi on a l'exemple d'un M. Hodge, membre du conseil de Sa Majesté Britannique dans les îles Vierges, et dont les barbaries qui ont été punies de mort, l'ont été d'une manière beaucoup trop tardive; et celui d'un M. Hugginas, également propriétaire et colon, et dont justice n'a pas encore été faite. Je puis parler ainsi, puisque leurs noms se trouvent dans des rapports authentiques sur les colonies. Les colons de tous les pays ont ce malheureux préjugé que les Africains ne sont pas des hommes; et s'ils sont des bêtes à vos yeux, êtes-vous encore excusables pour cela de les traiter comme vous faites?

dire dans l'état de guerre, cette puissance est insuffisante contre les ruses de ses propres sujets, aidés, en temps de paix, ou tolérés par les autres nations qui n'auraient pas proscrit la traite; et le pavillon étranger sera toujours un moyen ouvert aux individus anglais et américains pour qui l'intérêt est un mobile plus fort que la conscience; et malheureusement il se trouve partout de ces hommes. S'il n'en était pas ainsi, l'abolition de la traite des nègres, prononcée par le parlement britannique, aurait produit une réduction plus forte que celle qui a eu lieu, je veux dire celle de cent mille hommes à quatre-vingt mille. Il est vrai que le chevalier Scott, juge de la cour d'amirauté d'Angleterre, et un des plus habiles jurisconsultes de ce pays, a établi un principe tout-à-fait lumineux, et dont l'application sera très utile pour réprimer l'usage que les vaisseaux négriers cherchent à faire des pavillons étrangers. « Si un bâtiment, dit-il, faisant la traite, est saisi comme soupçonné d'avoir des passe-ports faux, ou obtenus par fraude, » donnés dans un pays qui a refusé d'adopter ce » qui n'est pas encore la loi positive de toutes » les nations, mais ce qui en est certainement la » loi naturelle, c'est à ce navire à prouver qu'il » est protégé par le gouvernement dont il porte » le pavillon. S'il ne peut pas y parvenir, sa » condamnation doit avoir lieu. *Or, comme il*

» *est constant que les gouvernements français,* » *espagnol et portugais, qui n'ont pas adopté* » *la même mesure que l'Angleterre, n'ont* » *aucun intérêt à protéger des sujets britanni-* » *ques ou américains, contre leurs souverains,* » *il est clair aussi que ces hommes recevront* » *la punition due au mépris qu'ils osent faire* » *de la loi naturelle, reconnue de plus par une* » *loi positive de leur propre pays.* » Je me hâte ici de dire que le roi de France, qui ne peut pas tout le bien qu'il conçoit, mais qui conçoit et exécute tout le bien qui lui est possible, a donné un édit qui tend à diminuer la traite des nègres, qu'il ne pouvait abolir entièrement ; et je suis bien aise ici de faire voir quel enthousiasme notre Roi excite chez un peuple qui n'accorde que difficilement son admiration aux étrangers, en citant les propres paroles du célèbre M. Clarkson. Cet homme estimable m'écrivait au mois de décembre dernier : « Votre Roi, prince si digne de l'amour » des hommes, a montré ses bienveillantes dis- » positions envers les Africains par un édit qui » défend à ses sujets de faire la traite au-delà » du nord du cap Formose. Ne pouvant entiè- » rement proscrire ce trafic inhumain avant l'ex- » piration de cinq années, il a toutefois conclu » un traité avec notre gouvernement pour laisser » une partie de l'Afrique recouvrer sa liberté » et son bonheur, en les protégeant contre la

» traite. Ainsi tout ce grand pays qui s'étend de
» la rivière du Sénégal au cap Formose, et qui
» présente une côte de quinze à seize cents milles
» de longueur, est délivré, grâce à ce Mo-
» narque aussi éclairé qu'humain, des horreurs
» de ce trafic impie. »

Cette démarche du Roi est faite pour donner l'espoir le plus étendu, est c'est aussi ce qui m'encourage à entreprendre l'examen de quelques ouvrages écrits en langue française, et dont j'ai parlé plus haut; ils n'ont de force que parce qu'on ne s'est pas encore occupé de les combattre. Mais l'intérêt de l'humanité en général, et de la France en particulier, exige qu'on ne laisse subsister aucun doute sur l'inexactitude et la tendance pernicieuse des allégations qu'on y rencontre.

Le moyen de ne pas me répéter inutilement, dans la réfutation que je me propose de faire, c'est de rapporter tout ce qui a été dit de plus fort, par tous les hommes qui, depuis dix ans, ont écrit en faveur de la traite. Je commencerai d'abord par l'examen des opinions de ceux qui ont soutenu, à la fois, le principe de la traite et la justice de son application.

Je discuterai ensuite les arguments de ceux qui tout en reconnaissant l'injustice de ce commerce, l'excusent par divers motifs de nécessité, ou d'intérêt politique.

« L'esclavage des nègres, dit M. de Bo-
» nald (1), est appelé ainsi par un abus de mots.
» En effet, définissons l'esclavage, et, pour
» cela, commençons par exclure de cette défini-
» tion tout ce qui ne le constitue pas.

» Le travail ne constitue pas l'esclavage.

» Le travail, même forcé, ne constitue pas
» l'esclavage. La durée même indéfinie du tra-
» vail ne constitue pas l'esclavage. Le travail au-
» quel les nègres sont forcés, n'est donc pas
» une preuve d'esclavage; car nous tous, nous
» sommes forcés au travail, et d'une manière
» indéfinie. On meurt magistrat, on meurt prêtre.
» Une femme est engagée pour la vie; un mi-
» litaire l'est de même dans quelques pays.

» Définissons à présent ce qui constitue l'escla-
» vage : il est domestique, ou politique. Domesti-
» que, là où le pouvoir public ne défend pas l'hom-
» me contre l'oppression qu'exerce sur lui le pou-
» voir domestique. Politique, où le pouvoir pu-
» blic attente aux droits naturels du pouvoir
» domestique.

---

(1) *De l'Esclavage chez les Anciens et chez les Modernes*, etc.; par M. de Bonald. Dans le *Spectateur français au dix-neuvième siècle*, pag. 259; à Paris, de la Société typographique, quai des Augustins, n°. 70, 1805.

» Il ne peut être question, dans ce qui re-
» garde l'esclavage des nègres, que de l'escla-
» vage domestique. Eh bien, la preuve que l'es-
» clavage domestique n'existe pas pour les nègres,
» c'est que les mêmes lois y protègent le maître
» et l'esclave; et le maître qui fait périr le
» nègre, est puni comme le nègre qui tuerait son
» maître. Le nègre est donc citoyen; car le droit
» de cité n'est que la protection publique contre
» le pouvoir domestique. Il est citoyen comme
» le sont nos femmes, nos enfants mineurs, nos
» domestiques, qui jouissent des avantages de
» la cité, sans en partager les charges et les
» emplois. Sur la côte d'Afrique, et par le droit
» commun des peuples idolâtres, les pères peu-
» vent ôter la vie à leurs enfants, les souverains
» à leurs sujets, et il n'y a pas de fête publique
» dans le royaume de Juida, qui, comme chez
» les Romains, ne coûte la vie à un grand nombre
» d'hommes. Les vainqueurs ont le même droit
» sur les prisonniers faits à la guerre. Mais de-
» puis que la traite s'est établie, l'avidité a fait
» taire la cruauté, et les pères, les souverains,
» les vainqueurs vendent leurs enfants, leurs
» sujets, leurs prisonniers, au lieu de les dé-
» truire. La traite, sans doute, favorise cet
» odieux commerce; mais elle empêche aussi
» d'affreuses exécutions; et il vaut mieux, après

» tout, vendre dix hommes que d'en égorger » un. »

On ne m'accusera pas, sans doute, d'avoir affaibli les idées de l'auteur : je crois même que la manière dont j'ai rapproché ses arguments, leur donne une force plus grande, puisque leur enchaînement est plus facile à saisir, et j'ai employé scrupuleusement toutes ses expressions.

Je vais maintenant examiner cet enchaînement de raisonnements. On va voir à combien de conséquences erronées peut conduire un faux principe.

M. de Bonald avait dit, page 6 de la *Législation primitive*, publiée en 1802 : » Le pouvoir » absolu est constitué sur des lois fixes et fonda» mentales, contre lesquelles, dit M. Bossuet (1), » tout ce qu'on fait est nul de soi. »

Il disait cinq ans après, page 348, vol. 29 du *Mercure* : « Toute société, ou tout pouvoir bien » constitué, je veux dire fondé sur les lois natu» relles, lois raisonnables, légitimes, doit être » et est de fait indépendant des hommes, et » par conséquent absolu; car si le bon sens,

(1) M. de Bonald appelle toujours Bossuet, M. Bossuet, tandis que tous les grands hommes du siècle de Louis XIV, Fénélon, par exemple, se trouvent toujours sous sa plume sans cette appellation. Je suppose que c'est une preuve de respect que cet écrivain veut donner à Bossuet.

» selon M. Bossuet, est le maître des affaires, » la raison doit être la reine du monde; ainsi » l'on peut dire : La raison du pouvoir est le » pouvoir de la raison; et le pouvoir ne doit » éprouver aucune opposition; car où serait, à » parler philosophiquement, la raison de s'op- » poser à la raison? La nécessité d'un pouvoir » absolu ou définitif a été sentie..... Un pou- » voir qui n'est pas définitif, n'est pas un pou- » voir. Il faut l'avouer, cette politique n'est pas » celle de la fausse philosophie. »

On pourrait se borner à dire que ce n'est là nullement de la philosophie. Mais l'admiration que cette manière de raisonner a inspirée, et continue à inspirer à des littérateurs qui s'établissent directeurs de l'opinion publique, et qui me semblent faire ce qu'il faut pour l'égarer, me force à continuer la tâche que je me suis imposée. En partant de cette philosophie, que M. de Bonald dit être *la vraie*, il trouve en effet pour conséquence naturelle des principes posés par lui, que le droit de cité n'est que la protection publique contre le pouvoir domestique; qu'ainsi le *nègre est citoyen.* Il est certain qu'un citoyen sans droits politiques se rapproche en ce point d'un esclave nègre; mais comment cependant ne pas voir, d'abord, que réellement cette définition du droit de cité est impropre, et que c'est seulement par un *abus de mots* qu'on peut supposer que le nègre est citoyen. Je ne dis pas encore citoyen comme on l'est dans les pays où il existe des droits politiques, mais seulement comme dans ceux où le pouvoir est absolu. Je prends pour exemple le Danemarck. L'absolu, l'arbitraire, le despotisme (car tout cela ayant le même effet, me semble ne pas valoir la peine d'être distingué), sont établis dans ce royaume par la loi de l'Etat (1). Les droits politiques du

---

(1) *Lois du Danemarck*, *article* II.

Les rois héréditaires de Danemarck et de Norwège seront en effet et devront être regardés par tous leurs sujets comme les seuls chefs suprêmes qu'ils aient sur la terre; ils seront au-dessus de toutes les lois humaines, et ne reconnaîtront dans les affaires ecclésiastiques et civiles d'autre juge supérieur que Dieu seul.

Article XXVI.

Tout ce que nous avons dit jusqu'ici du pouvoir et de l'éminence de la souveraineté, et s'il pouvait y avoir quelque chose de plus qui n'eût pas été ici expressément et spécialement énoncé, sera compris et renfermé dans l'exposition précise que nous allons faire de nos intentions à cet égard. Le roi de Danemarck et de Norwége sera un roi héréditaire et revêtu du plus haut pouvoir, en sorte que tout ce qui se peut dire et écrire à l'avantage d'un roi chrétien, absolu et héréditaire, devra aussi s'entendre dans le sens le plus favorable du roi héréditaire de Danemarck et de Norwége. La même chose s'entendra aussi de la reine héréditaire et souveraine du Danemarck et de Norwége, si dans la suite des temps la succession parvenait à quelque princesse du sang royal; et comme l'expérience, ainsi que les funestes exemples d'autres

peuple y sont donc nuls, et je ne sais pas quels droits restent à un peuple dans un pareil cas. Ne parlons pas toutefois de droits, mais de l'état positif de la société, et comparons la situation d'un habitant du Danemarck, avec celle de ce

---

pays, montrent combien il est pernicieux d'abuser de la clémence et de la bonne foi des rois et des princes pour diminuer leur pouvoir et autorité, comme cela a été pratiqué avec art par différentes personnes, et même par ceux de leurs serviteurs qui avaient le plus de part à leur confiance, au grand préjudice des affaires publiques et de l'intérêt des rois, en sorte qu'il eût été fort à souhaiter en divers lieux que les rois et les princes eussent veillé à la conservation de leur autorité avec plus de soin qu'ils n'ont souvent fait; nous ordonnons très *sérieusement* à tous nos successeurs les rois héréditaires et souverains de Danemarck et de Norwège, de prendre un soin tout particulier de défendre leurs droits héréditaires et leur domination absolue, sans souffrir qu'on lui porte jamais d'atteinte, et nous leur recommandons de la conserver telle que nous venons de l'établir dans cette loi royale pour la transmettre à jamais de génération en génération à tous nos descendants, et pour rendre notre volonté d'autant plus stable, nous voulons et entendons que si quelqu'un, de quelque rang qu'il fût, osait faire ou obtenir quelque chose qui, de quelque manière que ce pût être, fût le moins du monde contraire à l'autorité du roi et à son pouvoir monarchique, tout ce qui aura été ainsi accordé et obtenu, soit censé nul et de nul effet (on trouve ici les propres expressions de Bossuet et tous les principes de la législation primitive de M. de Bonald); et ceux qui auront eu l'adresse d'obtenir de pareilles choses, seront punis comme coupables du crime de lèse-majesté, et comme des gens qui ont violé d'une manière criminelle l'éminence du pouvoir absolu et monarchique du roi.

nègre que M. de Bonald dit être en possession du droit de cité.

L'habitant du Danemarck, s'il est obligé à un service quelconque, s'il est puni pour une transgression quelconque, justement ou injustement (1), est néanmoins contraint, ou puni, seulement par un acte général de la volonté du souverain; acte qui, par sa généralité même, ne peut être, ni absolument révoltant par sa folie, ni tout-à-fait désolant par sa cruauté. Un Danois jouit donc du droit de disposer de sa personne et de ses biens, dans tous les cas où la loi *générale* ne le lui ôte pas. Mais le nègre esclave est soumis non pas à une loi ni à l'expression générale de la volonté du souverain, mais au caprice particulier de son maître. Il n'est pas non plus jugé sur la trans-

(1) Le gouvernement danois, qui despotique par droit, semble, si je puis m'exprimer ainsi, s'être piqué d'honneur pour ne pas l'être de fait, a été le premier à abolir non seulement la traite, mais l'esclavage dans les colonies; c'est en 1792 qu'il a déclaré que cette double abolition aurait lieu après une période de onze ans. Plusieurs écrivains ont expliqué cette démarche par des vues d'intérêt. Mais à Dieu ne plaise que je me rende ainsi compte de ce que les hommes font de juste et d'honnête. D'ailleurs faut-il faire un effort pour prêter des motifs vertueux à un gouvernement à la tête duquel on a vu long-temps ce grand et respectable comte de Berustorf, qui a aussi aboli l'esclavage des paysans danois; ce qui est attesté par une colonne élevée près de Copenhague, en l'honneur de ce ministre.

gression d'un acte de l'autorité publique, mais d'après le caprice particulier de son maître ; non pas d'après les formes générales de la justice, mais encore d'après les mouvements d'humeur ou de colère de son maître. De plus, le droit de cité, dont on attribue la possession au nègre, est nécessairement par sa nature un droit commun à tous les citoyens. Mais le nègre n'a aucune espèce de droits; comment est-il donc citoyen? Comment serait-il l'égal de celui qui, après l'avoir obligé à travailler au-dessus de ses forces, le fait déchirer à coups de fouet, pour n'avoir pas fait ce qui lui était impossible? Comment serait-il citoyen, ainsi que nos femmes qui, en effet, sont protégées contre les mauvais traitements, pendant que lui n'est protégé que contre son meurtrier? Comment parler de ses droits, qui ne commencent qu'au moment où il est privé de la vie? Comment appeler enfin également protégé et également citoyen et l'oppresseur dont les droits à l'oppression sont reconnus, et la victime qui n'a à opposer que ses gémissements? C'est, puisqu'il faut le dire, outrager la raison, insulter l'espèce humaine, tromper les faibles, encourager les puissants dans l'abus de la force.

Dans les colonies françaises ou anglaises, les nègres, bien loin d'avoir le droit de *cité*, ne possèdent pas même celui dont les animaux jouissent en Angleterre, en vertu d'un acte du parlement, je veux dire d'être protégés contre la sévérité inutile et les cruautés de leur maître. Loi admirable, qui inculque à toute une nation, la bienveillance envers tous les êtres.

Mais, dit M. de Bonald, qui voit apparemment que ce droit de cité du nègre pourrait bien être illusoire, *le nègre est toute sa vie un enfant lâche à la fois et robuste, qu'il faut occuper par force et pour son propre avantage*. Ainsi, voilà un homme exposé toute sa vie à subir les caprices d'un maître cruel, parce qu'il nous plaît de dire que c'est un enfant, et à recevoir des coups de fouet, parce que nous prétendons les lui donner pour son bien. Si le bon sens se révolte à l'idée de ce droit de cité qui laisse un prétendu citoyen à la merci d'un autre citoyen, les faits ne répugnent pas moins à admettre qu'un nègre soit toute sa vie un enfant. Lisez la vie de ce guerrier plein d'humanité, de cet homme éclairé, brave, sensible, enfin de ce héros chrétien, nommé Toussaint-Louverture, calomnié, tourmenté, et sacrifié par Buonaparte. Lisez, dis-je, cette vie, écrite par M. Stephen, un des membres les plus distingués du parlement d'Angleterre, et dédiée à l'empereur de Russie (1). Voulez-vous

(1) *The History of Toussaint-Louverture*, a new edition, with a dedication to his imperial majesty the Emperor of all the Russias, London, 1814.

vous assurer si les nègres sont des enfants, lisez les journaux d'Haïti, et tout en vous égayant sur le compte du marquis de Limonade, ou du duc de Marmelade, reconnaissez cependant que ces enfants adorent le même Dieu que vous, ont obéi aux mêmes principes de civilisation (1); et s'ils sont réellement au-dessous de vous, accusez-vous vous-mêmes de les avoir tenus, sous

---

Cette vie présente le développement le plus complet de la perfidie du Corse, qui faisait servir l'honneur même de ceux dont il était l'ennemi à leur perte, et de son système profond de calomnie dont le but ou le résultat étaient toujours la destruction d'un homme. Ce livre mériterait bien, tant par l'importance des faits que par la manière dont ils sont racontés, d'être traduit dans notre langue. On y voit aussi des détails de ces affreuses noyades de centaines de nègres, que Leclerc appelait des envois dans la Méditerranée.

(1) J'ai reçu de Londres, sur la situation de Saint-Domingue, des mémoires manuscrits du plus haut intérêt, composés par le docteur Stoddart, sur des renseignements authentiques et très récents, que je me suis empressé de transmettre à S. E. le ministre de la marine et des colonies. Le docteur Stoddart, écrivain anglais fort distingué, qui a défendu les droits de la Maison de France à une époque où il y avait quelque utilité à les rappeler, était mu uniquement, en m'adressant ces mémoires, par les motifs les plus purs, l'amour de l'humanité, l'intérêt vif qu'il prend à la prospérité du gouvernement de notre Roi, et même aussi la bienveillance envers notre nation; sentiment que j'ai rencontré chez presque tous ses compatriotes éclairés, et qu'on ne doit jamais méconnaître en France.

prétexte qu'ils vous étaient inférieurs ; dans un état où ils ne pouvaient faire aucun progrès, et où ils devaient rester toujours tels que vous les peignez. Les êtres distingués à la fois par leurs vertus, leur caractère, leur intelligence, sont toujours très rares par-tout ; aussi il n'est aucun pays de la vieille Europe qui ne s'honorât d'avoir produit un homme tel que Toussaint-L'ouverture, né chez cette association toute nouvelle dans la civilisation. Reste enfin ce grand argument en faveur de la traite et de l'esclavage qui en est la suite, *que la traite empêche d'affreuses exécutions, et qu'il vaut mieux, après tout, vendre dix hommes, que d'en égorger un :* sans doute le premier de ces crimes est moins grand que l'autre ; mais je connais un principe meilleur, c'est celui de ne jamais faire de mal, même dans la vue d'obtenir un bien. En effet, le mal que nous faisons, quand notre conscience nous avertit que nous transgressons les lois naturelles, est certain ; mais nous ne sommes pas également sûrs du bien que nous faisons, quand nous suivons des règles qui n'ont point cette loi invariable pour base. Et voici bien la preuve de ce que je viens d'avancer ; c'est parce que nous avons acheté des hommes en Afrique, que les souverains se sont faits plus souvent la guerre ; qu'ils l'ont faite même à leurs sujets ; c'est pour fournir à ce trafic, que les citoyens se sont emparés par ruse de leurs concitoyens, que les pères ont livré leurs enfants. C'est nous, Européens, qui, en offrant l'appât au crime, l'avons d'abord fait naître, l'avons encouragé par cet attrait, et augmenté enfin dans une proportion effrayante, puisque la traite fait une consommation annuelle de cent mille hommes. C'est nous qui avons empêché les bons effets qui auraient résulté de rapports constants d'un autre genre, sur la civilisation en Afrique (1).

---

(1) Il me paraît utile de faire connaître ici le langage que l'Institution africaine a tenu dans une délibération de sa seconde assemblée générale, qui eut lieu le 15 juillet 1807, et qui contient le développement des vues d'après lesquelles cette institution s'est formée. Voici les principaux articles de cette délibération :

1°. Que cette assemblée, profondément affectée des injustices énormes que les Africains ont éprouvés de la part de l'Europe, et animée par le désir de réparer ces injustices, et par un sentiment général de bienveillance, est impatiente d'adopter les mesures les plus capables de contribuer au bonheur et à la civilisation des Africains.

2°. Que la cessation prochaine du commerce des nègres de la part de la Grande-Bretagne, des Etats-Unis et du Danemarck fera disparaître une partie considérable des obstacles qui ont empêché le cours naturel du perfectionnement de la société en Afrique, et que les moyens d'introduire les avantages d'un état plus civilisé vont se trouver entre nos mains.

3°. Qu'on peut raisonnablement prévoir les effets heureux qui suivront les soins qu'on prendra de répandre des connaissances utiles, d'exciter l'industrie parmi les habitants de l'Afrique, et de faire circuler les informations les plus sûres et les plus étendues

C'est nous qui, au lieu d'y porter des semences de religion, d'humanité, d'ordre, y avons offert un encouragement à tous les crimes, et l'exemple des nôtres. On prétend aussi que les princes d'Afrique ne trouvant plus de débouché pour ce que vous appelez une marchandise, tueront leurs prisonniers, dont la vie leur est devenue inutile, puisqu'ils ne peuvent plus les vendre. Les faits démentent cette assertion; car dans les lieux où la traite a été supprimée, on a vu, au contraire, l'industrie se porter sur d'autres objets de commerce; et il n'est pas douteux que les petits souverains de ces contrées ne parviennent à apprendre qu'ils peuvent obtenir un revenu plus considérable par l'agriculture, le commerce et les impôts, que par le trafic infâme qu'ils font de leurs semblables.

« Il vaut mieux, nous dites-vous, qu'il y ait » dix hommes vendus qu'un égorgé. » Mais pour parler ainsi, il faut ignorer ce que c'est qu'un capitaine de vaisseau négrier, ce que c'est qu'un vaisseau négrier (1).

---

sur les ressources d'agriculture et de commerce que présente ce vaste continent; et que, par une judicieuse poursuite de ces bienveillantes mesures, on peut apercevoir devant soi, pour résultat, l'établissement d'un commerce légitime et très étendu, également utile aux Africains et aux négociants de la Grande-Bretagne, au lieu de ce trafic qui a dégradé si long-temps l'Afrique.

(1) C'est une observation qui a été faite, que les rapports avec les

Entassés au nombre de 450, dans un espace qui pour chaque homme est moindre que celui que l'usage accorde chez nous aux morts dans leur bierre, quelques uns meurent suffoqués par la chaleur et le défaut d'air ; le reste, enchaîné comme des bêtes sauvages, traité comme telles par un homme qui a tout droit sur eux,

Si l'on doit le nom d'homme à qui n'a rien d'humain,

succombent, en partie, sous tant d'affreux traitements, ou par des maladies qui, quelquefois, font périr toute *la cargaison*; et ceux qui survivent ne sont réservés que pour le tourment inexprimable d'être séparés de tous les objets inanimés ou vivants qui leur furent chers. C'est bien

---

nègres changent entièrement la disposition d'individus qui auparavant s'étaient montrés humains. Cela est encore plus remarquable dans les capitaines de vaisseaux négriers, que dans les colons, revêtus d'un pouvoir absolu, obligés de contenir des nègres qui souffrent, par la terreur et l'exemple de souffrances plus grandes encore que celles que ces malheureux éprouvent, ils deviennent cruels par nécessité, ensuite par plaisir; et cette disposition, une fois acquise, va toujours en augmentant d'une manière effrayante, et ne s'efface plus. Les cours d'Angleterre ont retenti des plaintes adressées contre des capitaines de vaisseaux négriers par des Anglais traités à bord de ces vaisseaux avec une cruauté incroyable. Et combien de ces plaintes sont-elles étouffées et inconnues ! Ainsi ce commerce corrompt également et les Africains qui en sont les principales victimes, et ceux qui n'y cherchent et n'y voient d'abord qu'un moyen de fortune.

aussi pour éviter les effets de leur désespoir, qui les porte à se tuer ou à se jeter dans la mer, qu'on les enchaîne ; et voilà ce qu'on appelle un moyen de sauver des hommes ! Ah ! certes, il est assez prouvé qu'il meurt plus d'un homme sur les dix ; mais quand ils vivraient tous, ne vaut-il pas mieux être égorgé après un combat, que d'être réservé pour souffrir ainsi mille morts ?

Nous allons voir encore la traite et l'esclavage des nègres justifiés en principes dans un autre ouvrage dont l'auteur, M. Barré-Saint-Venant, colon de Saint-Domingue (1), montre beaucoup de sagacité, un attachement à la patrie, une bonne foi, un désir du bien, auxquels je me plais à rendre justice, quoique sa manière de voir diffère entièrement de la mienne. On voit par le long titre de son livre, qu'il n'est pas indifférent au sort des nègres, puisqu'il veut le rendre même préférable à celui de tous les peuples de l'Europe.

---

(1) *Des Colonies modernes sous la zone torride, et particulièrement de celle de Saint-Domingue*, ouvrage dans lequel on découvre la cause de leurs malheurs, et où l'on développe les véritables principes du gouvernement qui leur convient ; les moyens économiques de les faire arriver promptement à la plus grande prospérité, et de rendre *le sort des nègres préférable à celui d'aucun peuple d'Europe*, par M. Barré Saint-Venant, ancien capitaine d'artillerie et lieutenant-colonel de la cavalerie, membre et correspondant de plusieurs sociétés savantes, et colon de Saint-Domingue, an X (1803).

Voici comme il pose les principes dans son chapitre premier, intitulé *Principes :*

« Le travail est la base de toute association » politique : sans le travail, il ne peut exister au- » cune civilisation. Dans les pays froids, c'est la » nature qui commande le travail, il suffit de lui » obéir.

» Dans les pays chauds, où la nature invite » l'homme au repos, les soins du législateur doi- » vent suppléer à la nature, et commander le » travail.

» Le travail n'est pas commandé en Afrique; » aussi le peuple y est malheureux par le despo- » tisme et par le défaut de civilisation; mais il » n'est aucune loi qui puisse conduire, dans son » pays natal, un peuple aussi dégradé que les » Africains à la civilisation; car le climat seul » est un obstacle que le législateur ne pourrait » pas vaincre. L'unique service qu'on puisse » rendre à un tel peuple, c'est de le transplanter » sous une zone plus tempérée.

» Les îles Antilles jouissent du climat le plus » favorable au but qu'on se propose de civiliser » les Africains en les accoutumant au travail.

» Les Espagnols ont fait périr à Saint-Domingue » un million d'hommes, natifs de cette île, pour » les avoir forcés au travail. Ce million d'hommes » eût été conservé si on l'eût transplanté dans » un climat plus froid. D'après cela, il me semble

» que les législateurs doivent non seulement
» transplanter un peuple qui se trouve dans une
» position semblable, mais le contraindre au tra-
» vail, lorsqu'il est transplanté. Ce moyen mérite
» toute l'attention des législateurs et des philo-
» sophes, puisqu'il tend à améliorer l'espèce hu-
» maine, et à la civiliser. Le nègre a été entouré
» de nations puissantes, laborieuses, éclairées,
» et est toujours resté le même; il est donc évident
» que son climat repousse la civilisation.

» Ce n'est donc pas non plus un malheur pour
» le nègre que d'être tiré de l'Afrique ; il est en-
» core plus heureux, comme esclave, que les
» paysans de certains pays de l'Europe.

» Les Africains ont tellement le travail de la
» terre en horreur, que jamais on ne vit un es-
» clave affranchi s'y livrer. Cela est aussi prouvé
» par l'exemple de Français embarqués avec des
» nègres sur un vaisseau négrier, et jeté avec eux
» sur la côte de l'île de Saint-Vincent. Les Fran-
» çais s'y livrèrent au travail, et les nègres con-
» servèrent les habitudes de paresse qui leur sont
» inhérentes. Cela est prouvé aussi par plusieurs
» autres exemples du même genre.

» La conclusion qu'on doit tirer de tout ceci,
» c'est que la contrainte est nécessaire ; c'est à la
» contrainte seule que les empires les plus fameux
» ont dû leur prospérité; c'est avec la contrainte
» seule qu'on a exécuté de grandes choses; c'est

» avec la contrainte que l'on a fait les Pyramides
» et le lac Mœris, que Solon a peuplé l'Attique,
» et Confucius la Chine. Nul doute alors que,
» pour civiliser le nègre et le rendre plus heu-
» reux, il faille le contraindre au travail; et quoi-
» que la contrainte soit un malheur, ce malheur
» est beaucoup moins grand, beaucoup moins
» funeste que le désordre, la misère, la stupidité
» et tous les fléaux qui désolent, ravagent, dé-
» truisent les peuples oisifs, tels que ceux de nos
» colonies actuelles et du centre de l'Afrique. »

Voilà donc un système complet sur la traite et l'esclavage des nègres fondé non seulement sur des rapports supposés essentiels, mais aussi sur des principes qui paraissent avoir la meilleure base, je veux dire ce sentiment de bienveillance que nous devons à tous nos semblables. L'examen de ce système me paraît d'autant plus important, que le livre de M. Barré a été cité comme une autorité dans plusieurs ouvrages postérieurs, dont la discussion suivante rendra l'analyse superflue.

Le travail est en effet la source de toute prospérité. C'est une vérité fondamentale de la science de l'économie politique, science qui traite de la puissance et de la richesse des nations, ou, en autres mots, dont l'objet est la connaissance de leurs intérêts.

Mais il existe une autre vérité non moins

constante, tirée de la science du droit naturel, science qui a pour objet de connaître les rapports essentiels qui établissent les devoirs des nations. Cette vérité est, qu'un peuple n'a pas le droit d'en civiliser un autre, ni de le transplanter (1) par force, sous prétexte de le rendre plus robuste ou plus heureux; et je n'ai pas besoin de dire que le code des devoirs étant obligatoire et constant, celui de l'intérêt étant variable et arbitraire, c'est à celui des devoirs qu'il faut obéir. Mais heureusement cette émigration d'une nation entière enlevée contre son gré, ce qui serait souverainement immoral, est, de plus, physiquement impossible.

Aussi la supposition d'un législateur ordonnant ce transport d'une nation comme on commande le départ d'une flotte, est sans doute, pour M. Barré, une fiction politique qui n'a d'autre but que d'excuser le transport que nous faisons en détail, et annuellement, du peuple africain. Mais il existe encore une autre fiction politique remarquable dans ce que M. Barré dit à ce sujet, et dont je dois avertir le lecteur, c'est que nous ne transportons pas ce peuple partiellement, depuis trois siècles, dans l'intention de le civiliser

(1) Cette expression me paraît vicieuse, mais je fais observer qu'elle est du choix de M. Barré, et non pas du mien.

ou de le rendre plus heureux, mais bien avec l'unique but de nous enrichir.

Et voyons quelles seraient les conséquences de ce droit qu'un peuple s'arrogerait ainsi, d'être le législateur d'un autre. D'abord il se mettrait en opposition avec la volonté de Dieu ; car Dieu a voulu que les pays les plus chauds fussent peuplés, puisqu'il les a rendus habitables, et la couleur seule de la peau des Africains indique qu'ils sont destinés à peupler des climats brûlants. Et par quel peuple plus capable qu'eux de supporter une excessive chaleur les remplacerait-on après les avoir enlevés ? Mais il y a lieu de penser aussi que M. Barré n'aurait pas écrit son livre, et que même la France serait habitée par une autre race d'hommes, si quelque écrivain conquérant de l'antiquité eût conçu un pareil systême, et l'eût mis à exécution sur les Germains et les Francs, dont M. Barré descend probablement; car il est vraisemblable que ses ancêtres se fussent fait tuer plutôt que d'être *transplantés ;* et cependant il y eût eu alors d'aussi bonnes raisons pour la *transplantation* des Francs et des Germains, que pour celle des Africains. On eût pu alléguer que ces peuples étaient cruels, passionnés pour le pillage, ennemis de l'agriculture; que leur religion était atroce, puisqu'ils brûlaient, en l'honneur de leurs dieux, des hommes entassés dans des constructions d'osier ; que leur civilisation était impossible, en raison de leur climat sévère, et des forêts qui leur servaient de repaires; qu'il fallait les transplanter dans un pays d'une température plus douce, où on leur ferait prendre l'habitude du travail, et goûter le bonheur de la civilisation, à laquelle ils travailleraient eux-mêmes par le sacrifice de leur liberté. C'est un phénomène, au surplus, que l'histoire n'a pas encore présenté, que celui du transport d'une nation en masse. Jusqu'à présent, tous les législateurs ont essayé de perfectionner les peuples dans les pays qu'ils habitaient, et cela, sous toutes les latitudes; car il y a des peuples sauvages et grossiers dans des zones tempérées : témoins, les Germains et les Francs, comme il y a eu des peuples civilisés sous des zones brûlantes, témoins, les anciens empires d'Asie, et ces grands peuples détruits par les Espagnols et les Portugais, dans les deux Indes, qui avaient de si beaux monuments, et, ce qui est plus beau que des monuments, des institutions pleines de sagesse.

M. Barré ne voit la source de la prospérité des peuples que dans la contrainte au travail ; il y trouve l'explication de la prééminence des Athéniens; et certes, cette manière de nous rendre compte de la supériorité des Grecs, si elle n'est pas juste, est au moins très curieuse. Mais je lui demanderai comment il a appris qu'on ait employé inutilement les moyens nécessaires pour amener les Africains à la civilisation? Pourrait-il même dire qu'on ait fait de grands efforts depuis trois cents ans pour leur faire parvenir les lumières du Christianisme (1)? Les Africains, dit-il, ont été entourés de nations puissantes, sages, riches, et cependant ils sont restés pauvres, paresseux, ignorans. Mais qu'étaient les Grecs avant Cécrops? Quels ont été les Cécrops des Africains? Je l'ignore; mais ce que je sais, c'est qu'aucun négociant de Londres ni de Bordeaux n'a annoncé l'intention de le devenir; et je crois même aussi que les seules idées justes, vertueuses, libérales qu'on ait eues à l'égard des Africains, datent d'une époque malheureuse, où l'on a aussi imprudemment voulu faire en un instant ce qui demandait une longue suite d'années, où l'on a porté dans nos colonies des remèdes infiniment plus violens que les maux, et où, pour être juste envers les Africains, on a commencé par être injuste et cruel envers les colons. Mais, tel est l'homme; il n'est que trop sujet à manquer de mesure. Au moins, que le souvenir de ces excès serve à nous en garantir à l'avenir, afin que les malheurs de cette génération qui finit, ne

---

(1) Indépendamment de la société Africaine dont S. A. R. le duc de Glocester est président, et dont j'ai donné une délibération où cette société rend elle-même compte de ses travaux, il existe à Londres, *depuis* 1795, une autre société reconnue par le gouvernement, et dont le but est de convertir les nègres à la religion chrétienne.

soient pas perdus pour celle qui la suit, et pour la postérité.

Je reviens à l'assertion de M. Barré, que les Africains sont incapables de civilisation ; mais Tombouctou n'est point un repaire de brigands, c'est une association fondée sur les principes communs à toutes les sociétés, et composée de familles et d'individus que, malgré l'opinion de M. Barré, je ne puis m'empêcher de regarder comme beaucoup plus heureux que des nègres réduits en esclavage, même ceux de Saint-Domingue.

L'existence de Tombouctou, et de plusieurs villes intérieures de l'Afrique, me fournira une autre observation; car, s'il était vrai qu'à une distance où les Africains n'ont pas de communications avec les Européens pour la traite, ils n'eussent plus les vices que M. Barré leur reproche; s'il était vrai qu'à cette distance la civilisation reparût telle à peu près qu'elle se trouvait chez nous vers les cinquième et sixième siècles, alors la conséquence qu'il faudrait tirer de ces faits, c'est qu'au lieu d'avoir travaillé au bonheur et à la civilisation de l'Afrique, nous y avons apporté un obstacle constant et immense par la traite, et que nous y avons empêché les progrès que le commerce a, de tout temps, fait faire à tous les peuples: enfin, cela montrerait que si nous n'avons trouvé chez les Africains ni agriculteurs, ni artisans, ni négociants, c'est que nous n'y avons cherché que des esclaves. M. Barré, pour prouver que les nègres ont un penchant naturel à la paresse, assure que les nègres affranchis à Saint-Domingue font toute espèce de métiers, plutôt que de cultiver la terre. Mais ne suffit-il pas qu'un homme ait été esclave pour avoir horreur de ce qu'il fit, lorsqu'il l'était? Et faut-il s'étonner si les nègres s'éloignent le plus qu'ils peuvent de ce qui tend à leur rappeler leur ancien état? Quant à cette autre prétendue preuve, tirée de la différente manière d'exister de Français jetés avec des Africains sur une île, je répondrai que je serais bien plus surpris que des hommes dont la constitution et l'éducation sont si différentes, ne vécussent pas d'une manière relative à cette différence. Les sauvages limitrophes du Canada ont le même éloignement pour le travail que les nègres, et ce n'est pas sans doute parce qu'ils habitent une zone brûlante : ils ont eu cependant alternativement pour voisines et pour amies les deux nations de l'Europe les plus puissantes, les plus sages, les plus riches et les plus industrieuses; mais, malgré l'exemple, leur habitude de paresse se transmettra, et ni la transplantation, ni les coups de fouet ne la leur feraient perdre; car il faut la double influence des temps et des lois pour changer les nations.

Cette réflexion répondra à tous les exemples

que M. Barré apporte de la paresse des nègres. Cette paresse est la même chez tous les peuples pasteurs ou chasseurs : le Lapon ne se livre pas non plus volontiers à la culture des terres; et M. Barré aurait beau transplanter des habitants du cap Nord dans le plus beau climat possible, ils regretteraient leurs cabanes enfumées, leurs mets grossiers, et surtout leur paresse. Pour me résumer sur cet objet, M. Barré veut prouver que le nègre était paresseux dans les colonies; oui, ai-je répondu, il est paresseux partout où il est esclave; il ajoute qu'il hait l'agriculture; Oui, ai-je répliqué, partout où l'agriculture est le métier des esclaves. J'ai donc expliqué les faits cités par M. Barré, j'ai démontré que les inductions qu'il en avait tirées n'étaient pas justes; mais, à présent, je vais citer, de mon côté, des faits qui renversent absolument toutes ses assertions, et dont l'authenticité n'est pas plus susceptible d'être démentie, que la force d'être atténuée. Je les trouve consignés dans un Mémoire sur le Sénégal, par M. Pelletan, ancien directeur-général de cette compagnie (1).

« Nous avons observé avec soin, dit-il, les » travaux des nègres du Sénégal; ils y sont tous

(1) *Mémoire sur la Colonie française du Sénégal,* par le citoyen Pelletan, ancien administrateur et directeur-général de la compagnie du Sénégal, Paris, an IX.

» ou matelots, ou ouvriers de toute espèce. Nous » les avons vus, en général, d'une constitution » forte et robuste, capable de soutenir les travaux » les plus rudes; infatigables dans les corvées les » plus pénibles, et d'une constance admirable » pour surmonter les difficultés. Rien n'est plus » pénible, par exemple, que le service de la barre » du Sénégal. Huit ou dix *laplots* (nom qu'on » donne aux matelots nègres du pays) partent » le matin, et vont conduire à la rade une cha- » loupe chargée de marchandises; ils ont à peu » près quatre à cinq lieues d'une navigation pé- » rilleuse, à travers les dangers de la barre, qui » ferme l'entrée de la rivière; ils y déchargent en » rade, où la mer est toujours très houleuse, avec » de nouvelles difficultés, leur marchandise à » bord du navire qui l'attend, et reviennent en- » core le soir, à travers les mêmes dangers, et » avec les mêmes peines, coucher au Sénégal. Ils » répètent ce travail presque tous les jours, tant » qu'il y a des bâtimens en rade. On peut assurer » qu'aucun matelot blanc ne pourrait tenir à ce » travail.

» Si à côté de ce tableau, très exact, de la » vie active et laborieuse des nègres du Sénégal, » nous présentons l'inertie et l'état habituel d'a- » pathie et d'insouciance des nègres du continent, » l'état déplorable de leur agriculture dans le » pays du monde où la végétation est la plus ac-

» tive et le sol le plus fertile, celui de leurs arts » qui est encore au-dessous de leur agriculture, » on sera frappé du contraste qui existe entre » le nègre du Sénégal et le nègre du continent; » et comme le nègre du Sénégal se recrute sans » cesse des nègres de l'intérieur des terres, qui » déploient la même activité, la même industrie » que ceux du Sénégal, il faut chercher ailleurs » que dans le climat les causes de la paresse, de » l'aversion pour le travail qu'on attribue aux » nègres. Ces causes, il faut les chercher dans » la traite des nègres, qui entretient parmi ces » malheureux cet état d'anxiété, de défiance, de » guerre, qui en fait les peuples les plus mi- » sérables qui aient jamais existé sur la terre, » puisque la traite les empêche de jouir, tran- » quillement, de leur liberté, encore moins de » leurs biens.

» Il est certain que l'abolition de la traite des » nègres changera totalement la face de ces con- » trées désolée depuis des siècles par des guerres » interminables, flétries par l'esclavage d'une par- » tie de leurs habitants, et dépeuplées par le com- » merce affreux que font ces peuples dégradés avec » les avides Européens, qui vont satisfaire leur ava- » rice au prix du sang et de la liberté du mal- » heureux Africain. »

Suivant mon exactitude ordinaire, j'ai employé les mêmes phrases, les mêmes expressions les mêmes mots dont s'est servi M. Pelletan; seulement j'ai rapproché les raisonnements et laissé une quantite de développements qu'il faut chercher dans l'ouvrage lui-même, qui n'est point une déclamation philantropique, mais un Mémoire rempli de faits et d'observations recueillies, pendant un long séjour au Sénégal, par l'homme qui l'a écrit.

M. Pelletan, dans son Mémoire, s'est appuyé aussi de l'autorité de M. Dufour, directeur-général après lui. « M. Dufour (dit-il dans sa » préface), mon successeur au Sénégal en qua- » lité de directeur de la compagnie, partageait » mon opinion sur l'importance que pouvait » donner à cette colonie la culture des denrées » d'Amérique, presque toutes indigènes en Afri- » que, en y employant, sur leur sol natal, et » sans y être transplantés, les bras que l'avarice » enlève tous les ans à l'Afrique. Les mêmes » hommes, (dit M. Pelletan dans une autre par- » tie de son Mémoire) qui sont sans agriculture, » sans arts, dénués totalement d'énergie, et qui » passent leur vie dans une inertie et une apa- » thie presque incroyable, vivant au Sénégal, » sous la protection des Français, sans crainte » pour leur sûreté, se livrent au travail avec » ardeur, parce que le produit leur en est assuré, » parce qu'ils sont sans inquiétude pour leurs » propriétés, sans trouble pour les jouissances;

» car posséder et jouir, dit-il, sont les deux » grands mobiles de toute l'industrie humaine. »

M. Barré veut, au contraire, que la contrainte soit la source de toute industrie, de toute espèce de prospérité. Quand je vois qu'il n'y a pas d'opinion si erronée en politique qui ne puisse être soutenue, j'insiste encore davantage sur la nécessité de reconnaître avant tout les principes de la justice. Avec deux propositions comme celles qui suivent, 1°. la contrainte est nécessaire, 2°. le nègre esclave est plus heureux qu'un paysan en Europe, on continue à se livrer sans remords à la violence et au despotisme les plus coupables. Mais en prenant pour règle les principes de la morale, nous ne risquons pas de nous égarer jusqu'au point de vouloir faire le bonheur d'un être, destiné par le Créateur à la liberté civile, en lui offrant l'esclavage; d'un être moral, en lui ôtant le pouvoir d'exercer sa volonté; d'un être social, en le mettant hors de la société; car n'est-ce pas en être exclu que de n'en partager aucun des droits ?

Je ne connais d'autre auteur français que ceux dont j'ai examiné les écrits, qui aient défendu en principe la traite et l'esclavage des nègres. Mais il a paru en Angleterre, en 1813, un écrit intitulé : *Les Colons des Antilles défendus contre les accusations de leurs calomniateurs*, par M. Edward White.

Cet écrivain n'a fait que ressasser de vieux argumens ; et ce qu'il y a de plus curieux, mais en même temps de moins judicieux dans cet écrit, c'est la prétention de trouver dans les livres saints tout ce qui établit le principe de l'esclavage, et tout ce qui peut excuser les atrocités qu'il entraîne. Le bon sens suffit pour faire voir que, d'une source aussi pure, ne peuvent découler tant d'abominations, qui ne sont que trop constatées ; et celui qui a dit : *Aimez votre prochain comme vous-même*, a prononcé d'avance, par ces mots, la condamnation de tous ceux qui font le trafic des nègres, ou qui défendent l'esclavage par des vues d'intérêt personnel. Il y a plus ; lorsque les Espagnols s'emparèrent du Mexique, le pape fut consulté pour savoir s'il était permis de réduire les païens en esclavage, et il décida que cela était contraire à la religion. On aime à rappeler cette conduite du chef spirituel de la chrétienté (1), qui se montra alors supérieur en lumières, comme en bonté, à tout le reste des hommes de son siècle, et qui fut

(1) Il fallut aussi l'autorité d'une bulle pour que les Espagnols se soumissent à croire que les habitants du continent de l'Amérique étaient des hommes (*Robertson Hist. of Amer.* 2ᵉ. vol. pag. 90).

réellement, dans cette circonstance, non seulement le père des fidèles, mais le père commun de l'humanité. J'ose espérer que le prince assis sur le trône de Saint-Pierre, et dont les lumières égalent la charité, se servira de l'empire de ses vertus, qui s'étend jusque sur ceux qui ne reconnaissent pas sa jurisdiction spirituelle, pour recommander aux protestants ce qu'il ordonnera aux catholiques. Ainsi la religion concourra avec la véritable philosophie et la saine politique, à faire cesser un des plus terribles fléaux de l'humanité, et la religion, particulièrement, gagnera de l'influence et de la force en les exerçant ainsi. Je n'ai plus heureusement à prouver à des philosophes, à des hommes d'Etat, à des ministres de l'Eglise, que leur logique a été employée uniquement pour justifier l'oppression, l'injustice et la cruauté. J'ai rempli ma tâche en montrant que la raison ne contrarie pas les mouvements de notre cœur, et que la sympathie, qui est la raison des ignorants, est d'accord avec la raison éclairée des vrais philosophes, avec cette raison qui n'est ni déviée de son cours par les passions, ni obscurcie par l'esprit de systême. Ceux dont le jugement est sain, et qui ne se sont pas, comme moi, donné pour tâche de détruire l'erreur dans ses fondemens, seront sans doute prêts à s'écrier : Mais pourquoi nous prouver ce qui doit paraître évident à tout le monde ? Ah ! sans doute, cela est évident pour tous ceux qui voient, qui entendent; mais l'égoïsme et l'amour-propre pervertissent l'usage de nos facultés; et lorsque nous sommes éclairés par les fausses lueurs des passions, il n'est pas surprenant que nous nous égarions. Il était donc nécessaire d'écarter *les ténèbres visibles*, afin de marcher sûrement dans la bonne voie; et pour réfuter des conséquences criminelles et funestes à l'humanité, il fallait bien remonter aussi aux faux principes sur lesquels s'appuient ceux qui ont intérêt à perpétuer ces conséquences. Quant aux écrivains qui s'élèvent contre les mesures que les révolutionnaires ont prises dans les colonies, je suis d'accord avec eux, tant que l'improbation juste qu'ils font des genres de remèdes employés, ne les porte pas à regretter le mal. Ainsi, quand M. Charpentier-Cossigny (1), auteur d'un livre sur les moyens de restaurer les colonies, s'indigne contre les insensés qui s'écrièrent : *Périssent les colonies plutôt que les principes*, il aura tous les hommes de bon sens pour lui. Ce vœu criminel était de plus inutile, car les principes ne périssent jamais; mais les colonies périssent quand on les gouverne mal, quand on fait tout ce qu'il faut

---

(1) *Moyens d'amélioration et de restauration proposés au Gouvernement et aux Colonies*, par Charpentier, 3 vol in-8°. Paris, 1803.

pour les détruire. Et les hommes qu'on a prétendu favoriser, comme ceux qu'on a voulu sacrifier, ont péri également dans cet épouvantable chaos ! C'est bien là où l'on voit la justesse de cet adage : *Corruptio optimi pessima.* Il n'y a rien de si pernicieux que la corruption de ce qu'il y a de meilleur; et si quelque chose, en effet, pouvait nous éloigner de la raison et des principes, c'est que la raison et les principes aient été le cri de ralliement de tous les scélérats qui ont fait de la France et des colonies le théâtre de leurs fureurs. Mais l'abus que le méchant fait de ses facultés, n'est pas une raison pour que l'honnête homme se défende de l'usage des siennes; et la philosophie n'est pas plus coupable des excès de Saint-Domingue, que la religion catholique des fureurs de la Saint-Barthélemi, et la religion protestante des cruautés d'Henri VIII. Pardonnons toutefois les emportements et les reproches injustes de ceux qui ont souffert, et félicitons-nous, mais sans orgueil, d'avoir échappé au malheur de haïr, et excusons ceux dont l'ame n'a pas assez d'empire sur elle-même pour qu'ils puissent regarder les malheurs dont ils ont été les victimes, comme une nécessité politique de ce grand drame, où toutes les passions prirent un masque, mais dont le dénoûment développe, du moins en France, les plus grandes leçons pour la postérité, en présentant comme résultat l'oubli des petites offenses, le pardon des plus grandes, la fidélité et la loyauté en honneur, et la puissance entre les mains de la vertu.

Si l'on veut voir des preuves que les excès des colonies ne doivent point être reprochées aux philosophes, qu'on lise Raynal lui-même; je ne dis pas Raynal devenu plus calme, et presque prudent, mais Raynal à l'époque où il donnait la première édition de ce livre éloquent, où il y a tant d'erreurs, et même tant de vérités dangereuses. Voici comme il s'exprimait alors:

« Pour renverser l'édifice de l'esclavage établi » par des lois authentiques, il ne faudrait pas faire » tomber les fers des malheureux qui sont nés » dans la servitude ou qui y ont vieilli. Ces » hommes stupides, qui n'auraient pas été pré- » parés à ce changement d'état, seraient incapa- » bles de se conduire eux-mêmes; leur vie ne se- » rait qu'une indolence habituelle, un tissu de » crimes. Le grand bienfait de la liberté doit être » réservé pour leur postérité, et même avec » quelques modifications. » Plus tard, il disait à l'assemblée nationale: « Vous avez fait pour les » colonies beaucoup plus que la politique ne vous » permettait de faire, sans avoir fait ce que l'hu- » manité voulait que vous fissiez. »

Sans doute, en suivant à la fois ce que la politique et l'humanité commandait, on aurait pu empêcher les abus criants qui résultaient de l'état d'esclavage malheureusement établi. On le devait d'autant plus, que cet état, pour être nécessaire, n'en était pas plus légitime; et si l'on doutait que cette réforme fût possible, ou qu'elle dût avoir lieu, j'en appellerais à une autorité que j'ose appeler plus qu'humaine pour nous, à Louis XVI, prince dont le nom sera toujours prononcé avec éloge, avec attendrissement par tous les amis de la vertu et de la sagesse, de quelque pays, de quelque religion qu'ils soient. Louis XVI, dis-je, avait voulu faire ces réformes, et cependant les colons disaient bien alors comme à présent, que rarement les maîtres abusent de l'autorité qu'ils ont sur leurs esclaves, et que ceux qui en abusent sont déshonorés : cela est vrai pour nos colonies jusqu'à un certain point; car les Anglais nous ont rendu eux-mêmes la justice qu'elles étaient mieux administrées que les leurs, que les esclaves étaient traités plus humainement à Saint-Domingue qu'à la Jamaïque. J'aime à rappeler ce témoignage honorable pour mes compatriotes; mais les abus de la force, quoique plus rares, y existaient pourtant : on ne peut pas prétendre que quatre cents nègres soient assez vengés des cruautés qu'ils éprouvent par le soi-disant déshonneur d'un homme qui n'a pas plus d'honneur à perdre, et qui marche tranquillement dans la carrière affreuse où il est entré.

Mais ce n'est d'ailleurs pas la vengeance d'aucun

genre, qu'il faille accorder aux nègres : mais la protection efficace de la loi contre les vices, contre les passions, contre la violence supposée ou réelle, mais au moins possible de leurs maîtres. Comment d'ailleurs croire que des hommes violents et despotes soient si rares, quand après les leçons de l'expérience, il se trouve encore des Français que je ne veux point nommer, et qui faisaient à Londres, en 1811, l'apologie du systême qui consacre toutes les violences ; comment ne pas croire que l'esprit avait perverti le cœur chez beaucoup de colons, quand on lit dans un livre qui n'est point un pamphlet, et qui a dû être écrit avec réflexion, *qu'on aimerait mieux avoir composé le Code Noir* (ce Code dont le maréchal de Castries ministre de Louis XVI, disait, que c'était un abyme d'iniquités et d'horreurs) *que d'avoir découvert comme Newton le systême du monde*. Disons le donc, l'humanité des colons était paralysée et leur sensibilité était presque nulle, quand il était question d'un nègre ; ils ne pouvaient absolument se figurer qu'un nègre fût un homme. Je leur ai entendu dire cent fois qu'il y avait plus de distance d'un nègre à eux, que d'un chien à un nègre.

Au surplus, écoutez à ce sujet M. le baron de Wimpfen, probablement le dernier écrivain qui ait donné une description de la colonie de Saint-Domingue, telle qu'elle existait avant la révolu-

tion : « Comme il faut toujours, dit-il, qu'un
» certain nombre de préjugés imprime le sceau
» de la folie sur tout ce qui a rapport à l'espèce
» humaine, c'est ici la couleur de la peau qui de
» toutes les nuances du blanc au noir, tient lieu des
» distinctions du rang, du mérite, de la naissance
» d'un homme, et même de la fortune ; de sorte
» qu'un nègre, pût-il prouver sa descendance di-
» recte du roi nègre qui vint adorer Jésus-Christ
» dans la crèche, dût-il joindre au génie d'une
» intelligence céleste, tout l'or que renferment
» les entrailles de la terre, ne sera jamais, aux
» yeux du plus chétif, du plus pauvre, du plus
» sot, du dernier des blancs, que le dernier des
» hommes, un vil esclave, *un noir* (1). »

Ecoutez un militaire écrivain, qui a vu la Martinique en 1771, et dont l'ouvrage a été publié en 1804 (2) : « Il ne peut y avoir que la dureté ou
» l'avidité qui aveuglent si souvent le colon sur
» ses intérêts, qui puissent lui fermer les yeux sur
» les moyens de réparer la masse des inconvé-
» nients qu'il accumule par ses erreurs ; incon-
» vénients d'autant plus faciles à parer, que
» les moyens sont dans son cœur.

---

(1) *Voyage à Saint-Domingue, pendant les années* 1788, 1789 et 1790, par le baron de Wimpffen. Paris, an V (1797).

(2) *Voyage à la Martinique*, par J. R., général de brigade. Paris, 1804.

» Les femmes travaillent quelquefois jusques » à la veille de l'accouchement. Le doux plai» sir d'être mères, est pour elles un tourment » cruel. Tous les auteurs de relations sur les » nègres crient vengeance contre la dureté des » Européens pour cette malheureuse race. Il est » bien étonnant que des hommes se soient accor» dés à traiter avec la même barbarie, d'autres » hommes leurs semblables. Les nègres sont » hommes ; mais plusieurs ont la barbarie ou la » bizarrerie de ne le croire pas. »

Ecoutez ce grand homme d'état, le célèbre Pitt, qui disait que la traite et l'esclavage des nègres renfermaient une masse incroyable de vices et de crimes.

Vous pouvez enfin juger quelle doit être la force des préjugés et des habitudes, puisqu'elle existe sans diminution dans les colonies d'un peuple chez qui les législateurs ont renoncé au système d'où dérivent ces habitudes ; chez qui les écrivains les plus éloquents, tels que les Stephen et les Clarkson ; les orateurs les plus célèbres, tels que les Wilberforce et les Whitbread ; les hommes d'état les plus habiles, tels que les Pitt et les Grenville ; les citoyens les plus distingués, tels qu'un fils du souverain, l'illustre duc de Gloucester (1), se sont réunis dans le même

(1) Le duc de Gloucester est président de la société Africaine.

esprit pour improuver et faire cesser ces mêmes habitudes. L'on peut juger quelle est la corruption des colons, puisque tant de sensibilité, d'éloquence, de raison, tant de grands et glorieux exemples ne produisent aucun effet sur leur cœur. Chaque fois, en effet, que le parlement d'Angleterre a voulu entreprendre de faire des lois pour régler le sort des esclaves, ils ont dit que c'était à eux de les faire, qu'il fallait leur laisser le mérite de cette bonne action; mais ils n'ont fait ces lois que très imparfaites; ils leur ont donné la forme qui les rendait les plus propres à être éludées; enfin, ils n'ont prétexté des sentiments d'humanité, que pour garder la faculté d'être cruels; ils n'ont tenu que cette promesse qu'ils s'étaient faite à eux-mêmes; car ils ont toujours manqué à la parole qu'ils avaient donnée au parlement de la Grande-Bretagne. Leur reproche-t-on en particulier leur dureté envers les nègres? Ils sont, répondent-ils, encore plus heureux que vos paysans; n'avez-vous pas des tanneurs, des mineurs, des doreurs qui respirent des vapeurs morbifiques, et dont le métier abrége la vie? Cependant vous portez sans scrupule des chaussures de cuir, vous employez le fer dans la construction de vos maisons, et les dorures dans vos salons, et vous ne dites pas qu'il faut empêcher les artisans dont les jours sont abrégés par vos jouissances, de se livrer à leurs métiers.

De quel droit blâmez-vous donc le moyen avec lequel nous obtenons le sucre, moyen qui est unique, moyen qui contribue à la prospérité de la métropole? Laissez-nous exercer une tyrannie utile et même nécessaire. N'avez-vous pas, d'ailleurs, des malheurs, et des abus en Europe, qui puissent occuper votre philantropie, vos prisons, vos hôpitaux, vos mendiants, vos indigents?

Ah! sans doute, et tout Européen sensible sera aussi prêt à en convenir qu'à en gémir, il existe une foule de misères trop réelles, une légion d'abus déplorables; mais les abus tiennent quelquefois à des institutions utiles (1). Le soulagement, ou la cessation des infortunes, sont aussi souvent au-dessus des forces des Etats; il faut au moins faire le bien qui est possible; ce qu'on demande aux colons, est non seulement juste, mais facile. Sous quel prétexte peuvent-ils donc s'y refuser? Il n'y a réellement que l'endurcissement du cœur, et que la fausseté du jugement qui puissent les faire persister dans une conduite si coupable.

Entendons ce que disait à ce sujet, en 1813, un écrivain politique qui rendait compte de l'exécution publique de M. Arthur Hodge, proprié-

---

(1) Les progrès de la physique et de la chimie pourraient rendre certains métiers beaucoup moins malsains.

taire, et l'un des membres du conseil de sa majesté Britannique dans les Iles Vierges. Ce colon fut condamné sur quatorze articles d'accusation, qui établissaient des actes d'une cruauté dont le raffinement étonne autant qu'il fait horreur, et qu'il exerça pendant plus de dix ans sur un nombre considérable de nègres.

Cependant, dit cet écrivain politique, dont le mémoire est inséré dans un journal d'Edimbourg, M. Hodge n'eût pas été condamné, s'il n'eût été aussi insolent envers les blancs, qu'il était cruel envers les nègres; et M. Huggins, qui ne l'est pas moins, existe, et poursuit le cours de ses cruautés; il ajoute qu'on ne pourra jamais déraciner de l'esprit des colons anglais, l'idée qu'un nègre est un animal très inférieur à l'homme; que ses souffrances ne doivent pas nous affecter comme celles d'un blanc, et qu'on peut le priver de ses jouissances et de son bonheur, sans que notre conscience soit compromise en rien. Le général Elliot, gouverneur pour sa majesté Britannique, écrivait sur le même sujet, que sa présence avait été nécessaire pour assurer l'exécution du sieur Arthur Hodge, et que, s'il n'était venu exprès de Tortola pour prendre les mesures nécessaires à cet égard, il ne sait pas ce qui serait arrivé.

Rien n'est plus propre à faire sentir le triste effet de l'inhumanité des colons envers leurs esclaves, que de voir la population des nègres insuffisante sans la traite, et diminuant sensiblement partout où l'esclavage est établi ; et d'un autre côté la population des nègres croissante à Saint-Domingue au milieu des guerres et des massacres. Feu M. Malouet, d'honorable mémoire, qui malheureusement avait écrit un livre pour prouver la nécessité de rétablir l'esclavage à Saint-Domingue, a lui-même cependant fourni la preuve la plus complète de ce que la conduite des colons envers les nègres a toujours eu de blâmable en morale, comme de défectueux en politique. Il convient, en effet, qu'il naît plus d'enfants à Saint-Domingue depuis que cette île est délivrée de l'esclavage, et que leur mortalité y est moindre, et il ajoute qu'on ne peut attribuer ce changement qu'au repos qu'il est permis aux mères de prendre après l'enfantement, et au travail moins dur des nègres.

En voilà assez, je crois, sur ce triste sujet ; j'ai d'abord établi les principes, et j'ai présenté des faits d'après lesquels je suis sûr que tous ceux que leur intérêt n'aveugle pas, conclueront, avec moi, qu'il est instant que la traite soit abolie pour toutes les nations ;

Qu'il faut que les lois les plus sévères et les plus fortes contiennent les colons, et que l'exécution de ces lois ne soit pas confiée, comme dans les colonies anglaises, à des chefs politiques ou militaires, à des juges ou jurés qui soient eux-mêmes colons ;

Qu'il est nécessaire dès-lors que l'institution du jury soit suspendue dans les diverses colonies, dans tout ce qui regarde les esclaves ; qu'en effet, le but de cette institution serait totalement manqué dans ce cas, puisqu'elle établit nécessairement pour jurés des hommes complices, et souvent même aussi coupables des crimes que l'on poursuit ;

Qu'indépendamment de ces lois qui protègent les nègres esclaves, il en soit fait de relatives à leurs mariages, et à leur affranchissement progressif ;

Qu'il soit donné des réglements pour accorder des terres, et toutes sortes d'avantages aux blancs qui se livreront à la culture de la canne à sucre dans les colonies ;

Que tous les moyens possibles soient pris dans les colonies d'Afrique ou d'Amérique, qui appartiennent à diverses puissances, pour y encourager cette culture, soit par des Africains, soit par des Européens, soit même par des Américains, mais toujours par des hommes libres.

Un des écrivains les plus estimables que l'Angleterre ait produits dans ces derniers temps, M. Colqhoun, auteur d'un livre traduit en français, sur la police de Londres, vient de publier un des écrits politiques les plus importants de ce siècle, intitulé : *Traité de la richesse, du pouvoir et des ressources de la Grande-Bretagne ;* c'est dans la partie de cet ouvrage qui traite des colonies, qu'il faut lire ce que je ne fais qu'indiquer ici, sur les mesures administratives et politiques qui peuvent assurer leur prospérité. Mais ce qui doit être remarqué surtout, dans le livre de M. Colqhoun, c'est le passage de sa préface où il dit, que la justice veut que toutes les nations partagent les avantages du commerce du monde, et la dernière phrase de son livre, phrase qui me semble dictée par le sentiment le plus noble :

« Tout ce que l'Angleterre demande pour être » payée des sacrifices qu'elle a faits pour le bon» heur des nations, et de sa générosité en res» tituant les colonies qu'elle a conquises, c'est » que le commerce soit libre, équitable, posé » sur les bases les plus libérales; *que l'abolition » totale de la traite des nègres soit prononcée » par toutes les nations; et l'Angleterre a cer» tainement lieu d'espérer cette récompense » de ses travaux, ce prix de ses efforts en tous » genres.* » Et moi, j'ajoute que l'Angleterre excusera sans doute un Français d'avoir parlé de ses rapports intérieurs, puisque la patrie de Wellington impose par sa magnanimité, et par celle de ses hommes célèbres, de ses législateurs, de ses philosophes, le devoir à tous les hommes de s'intéresser à sa prospérité.

§. II.

Répression des outrages des Puissances Barbaresques.

Chercher à prouver que des Africains n'ont pas plus que les Européens le droit de se mettre au-dessus des lois divines et humaines, ce serait mal présumer du jugement de mes lecteurs.

Que les habitants de Tunis, de Maroc, soient soumis à leurs tyrans, c'est un malheur dont nous ne pouvons que gémir, et que nous ne sommes pas appelés à réparer. Mais que nous nous soumettions aux rapines, aux cruautés de peuplades africaines, c'est ce qui ne peut avoir lieu dans un temps où l'Europe est forte de son union et de ses lumières, répandues, si ce n'est dans toutes les classes de ses citoyens, du moins dans tous les cabinets des nations qui la composent.

L'Europe a sans doute le pouvoir légitime, comme elle aura la volonté d'exiger que les régences d'Afrique se conforment au droit des gens. Si les régences résistent, la dernière raison des rois en décidera; et le succès de cette dernière raison n'est pas douteux. Mais il serait à souhaiter qu'un acte de justice fait sur les Africains, fût accompagné d'un acte également grand de justice en leur faveur; je veux dire la suppression du commerce ou de la traite de ces mêmes Africains; car la loi naturelle n'est pas partielle, elle est universelle; elle n'établit point comme injuste à Maroc, ce qu'elle a trouvé juste à la Jamaïque; et pour un publiciste, une violation du droit des gens à Alger, ne porte pas un autre nom au Sénégal. La Turquie, qui peut à peine se défendre elle-même, ne donnera point de secours aux régences, et si elle en donnait, elle s'exposerait à une guerre juste.

Enfin, le rétablissement de l'ordre de Malte dans une île de la Méditerranée, peut fournir un moyen précieux de maintenir les mesures qui auront été adoptées par toutes les puissances à l'égard des états barbaresques.

Si, après tout ce qu'on vous a dit, Européens, sur les tyrannies dont vous êtes ou coupables ou victimes, il était possible que la voix de la justice et de l'humanité fût sans force auprès de vous, ne vous plaignez plus d'aucun genre de tyrannie, d'injustice, d'aucun oppresseur à venir; car je vous répondrai alors, dans le style du monstre qui vous a si long-temps tourmentés et avec ses propres paroles (1); à vous,

---

(1) Partout, dans ce paragraphe, je me suis servi des propres paroles du souverain de l'île d'Elbe; mais dans cette phrase seule j'ai réuni ce qu'il a répété plusieurs fois, mais en des circonstances différentes. Il appelait la nation *grande*, quand il profitait de sa

Français : *Vous n'avez d'autre représentant que moi, vous ne pouvez avoir d'autre volonté que la mienne ; votre fortune et votre vie m'appartiennent : grande* (1) *nation, vous êtes trop corrompue, pour avoir une volonté ;* à vous, Espagnols révoltés contre un joug cruel : *Comment, rebelles, vous ignorez qu'il m'a été donné par Dieu de réussir dans toutes mes entreprises; et si je ne puis faire autre chose de vous, j'en ferai des cadavres ;* à vous, habitants des villes anséatiques, qui réclamez vos droits : *Il est bien question ici de droits, ne savez-vous pas que Dieu envoie des hommes pour être l'instrument de sa vengeance ; je suis le fléau de Dieu : courbez donc la tête ;* à vous, Hollandais, qui réclamez la foi des traités, qui vous appuyez de la raison, de la justice, de l'intérêt même de celui qui vous opprime : *Comment, perfides, vous résistez encore à mon autorité, à mes bienfaits ! je vous rendrai à l'Océan.*

A vous, savants et littérateurs distingués, qui éprouvez la plus juste admiration pour les auteurs célèbres, dont vous nous rappelez quelquefois les beautés dans vos écrits ; qui admirez surtout

---

bravoure pour la faire massacrer inutilement ; il la trouvait corrompue, quand il s'agissait de lui laisser une ombre de liberté.

(1) Les propres paroles du souverain de l'île d'Elbe sont en italique.

cet historien profond, dont un de vous a dit, que les tyrans sont punis quand il les peint : apprenez que Tacite est un *mauvais politique, un homme à petites vues.* Etudiez bien l'histoire, et vous verrez que *Tibère et Néron n'étaient pas de mauvais empereurs.* Enfin, après tant d'inepties, de forfaits, d'absurdités, d'outrages, d'atrocités, cet homme commandera au premier corps enseignant de l'Europe, de vanter les idées libérales de sa dynastie, et la protection qu'elle leur accorde, et lui-même, Européens, vous félicitera, dans ses proclamations, du bonheur qui vous attend *sous sa providence!*

Eh bien, supposons qu'un tyran aussi cruel puisse renaître un jour, j'ose dire que vous mériterez cet horrible châtiment, si instruits par vos malheurs à plaindre ceux des autres, conduits à la sensibilité par l'infortune, vous ne tendez pas les bras aux Africains, comme à vos frères opprimés, si vous ne protégez pas efficacement vos frères contre d'autres Africains oppresseurs, et si vous ne dites pas comme Didon :

Haud ignara mali, miseris succurrere disco.

Malheureuse, je sais secourir le malheur.

§. III.

Rapports politiques de divers Etats d'Europe entre eux (1).

Mon intention n'était point de faire mention de Constantinople, menacée depuis si long-temps par la Russie ; mais puisque j'ai parlé de la nécessité où les puissances chrétiennes se trouvent de réprimer les régences d'Afrique, je dois, par une suite des principes de justice que j'ai développés jusqu'à présent, déclarer que le projet de soumettre la Turquie, me présente également de la part des puissances chrétiennes un acte de violence et d'injustice, qui, de plus, est sans objet pour le vainqueur, quel qu'il soit, et sans utilité pour le peuple conquis. Que fera en effet, un souverain Russe, Allemand ou Français à Constantinople? Il n'y pourra changer ni la religion

---

(1) Je n'ai pas cru devoir parler des prétentions que la France peut élever au congrès pour ses propres intérêts, parce que les lumières du Roi, jointes à l'ascendant que nous donnent sa sagesse et sa justice, et aussi l'habileté de ses ministres, rendent superflues les réflexions que je pourrais faire à ce sujet.

L'inutilité, le danger même qu'il y aurait à essayer de faire descendre la France au-dessous de ce que la nature et le temps l'ont faite, doit être sentie généralement ; cette tentative inconsidérée serait la cause de longs malheurs, sans avoir jamais l'effet qu'on s'en proposerait.

ni les mœurs, ni les usages, ni les lois; car ces changements ne se font point avec l'épée du vainqueur. Les Turcs sont trop loin de notre civilisation, et pour y parvenir, il y a plus de chemin pour eux à faire, que pour un peuple sauvage : car il a seulement à apprendre, tandis que les Turcs ont beaucoup à oublier. Mais que les nations conquises par eux et qui supportent leur joug impatiemment soient secourues par les nations européennes, je vois en cela un acte de justice, même un devoir. Car, par la même raison que le joug du despotisme de la Porte est bon pour les Turcs, qui ne peuvent supporter rien de meilleur, il est évidemment mauvais pour les Serviens, les Grecs, les habitants de Chypre : ce joug leur est insupportable, parce qu'ils ont une autre religion, d'autres mœurs; parce qu'ils sont soumis à l'affreux arbitraire des pachas, et qu'ils ont souvenir de meilleurs temps. Ces peuples, d'ailleurs, n'ont jamais été soumis que par la force, et ne font pas partie de la nation turque. Il est digne d'Alexandre de les protéger contre l'oppression; mais je ne puis m'accoutumer à voir un Prince digne de l'amour de l'humanité, tel que lui, descendre jusqu'au rôle des conquérants, qui en sont le fléau. Les Turcs, les Algériens, les Tunisiens, sont destinés comme tous les peuples à jouir des avantages de la civilisation; mais la force reculerait plutôt qu'elle n'avancerait ce moment désirable; et ce que la morale défend, l'amour éclairé de la gloire ne peut le commander. Qu'ajouterai-je aux réflexions que j'ai déjà présentées sur le royaume de Naples, sur la Saxe, sur les villes anséatiques, sur l'incendie des bâtiments publics à Washington? A chaque phrase où j'ai présenté des principes vrais, chacun à pu en saisir les conséquences; mais on s'étonnera peut-être, que je n'aie pas appliqué les principes aux républiques de Gènes, de Venise et de Pologne. On doit, ce me semble, pourtant comprendre qu'il n'y aurait pas plus de sagesse à bouleverser pour reconstruire, qu'il n'y en a eu à détruire pour s'aggrandir avec des ruines. La révolution française et l'ambition d'un homme, qui ont détruit les républiques de Venise et de Gênes, eurent des effets tels, qu'il est impossible de revenir au point d'où l'on est parti à l'époque de leur destruction. L'Autriche a perdu la Belgique, et il y a peut-être des difficultés morales, pour rétablir le gouvernement de Venise, beaucoup plus fortes que les obstacles politiques qui s'y opposent.

Quant à la Pologne, ce n'est pas son anéantissement comme puissance contre lequel je m'élèverai; car comment sauver des hommes qui veulent se perdre? comment conserver un malade qui ne veut pas guérir? et c'est ainsi que j'appellerais le corps politique en Pologne avec son roi électif, et ses éléments discordants à un tel degré, qu'on doit être surpris que cette république ou monarchie, n'ait pas succombé beaucoup plus tôt. Ce que je blâmerais donc principalement, ce sont les intrigues qu'on a faites pour hâter sa ruine. Mais, après tout, comment supposer l'existence possible d'une république, où le pouvoir était toujours entravé, au milieu de trois monarchies absolues, dont le pouvoir était toujours prêt à l'action ?

Quant à la Finlande, je gémirai sans cesse de cet envahissement, comme de la cession de la Norwège, par laquelle on a dédommagé la Suède. Il faut encore une fois tirer un voile sur ces transactions nécessitées, ou au moins occasionnées par l'injustice d'un homme, et qui partagent dès lors l'impureté de la source d'où elles découlent.

Les violences de Buonaparte, ont nécessairement dû porter le désordre dans toute l'Europe. Le Danemarck a plus perdu que plusieurs autres pays. Mais il ne faut pas aussi oublier que la politique de ce royaume a été plus que faible, dans une position où il pouvait être par sa fermeté utile à l'Europe contre son oppresseur : et enfin, il vaut mieux pour le Danemarck exister sans la Norwége, que sous un proconsul de Buonaparte, extrémité à laquelle il s'était presque soumis.

CHAPITRE III.

Considérations générales sur les moyens de conserver la paix, et sur le sort à venir des sociétés politiques.

Dans ce qu'on vient de lire sur la politique de l'Europe, j'ai évité de parler du passé lorsque le mal était sans remède, ou lorsque le remède ne pouvait être qu'une occasion de nouveaux bouleversements.

Quand j'ai traité de la situation présente des puissances, j'ai demandé une justice complète sans acception de personnes ni de peuples; et si je n'ai pas été dirigé moi-même par cet esprit d'équité qui, seul, peut établir le bonheur futur de l'Europe et du monde, j'ai payé, du moins à mon insu, cette dette à ma faiblesse et à mes préventions. La justice, j'ose le croire, va présider à tous les arrangements politiques; mais quelles sont les mesures propres à conserver cette œuvre de sagesse? J'ai rejeté le moyen proposé de la suprématie d'un peuple, de même que j'ai rejeté de la constitution intérieure des sociétés, l'autorité absolue d'un homme. L'orgueil des nations est d'accord en ce point avec leur droit; mais il n'en est pas ainsi de l'orgueil des monarques. Le droit naturel est leur loi, comme elle est celle de tous les hommes : mais le droit se tait devant la force, et le joug de la raison ne domine que ceux qui ont une tête bien organisée, et qui ont constamment appris à s'y soumettre. Comment donc garantir l'Europe de nouveaux Attila, de nouveaux Buonaparte, qui se croiront supérieurs aux hommes, précisément par le rapport sous lequel ils seront inférieurs au plus humble citoyen ; je veux dire par leur ignorance du droit général de l'humanité, du principe universel duquel dérive toute obéissance comme toute autorité, et par l'ignorance non moins profonde de ce qui peut conduire sûrement un homme à la gloire. On a présenté la soumission à un seul peuple, à un seul souverain, comme un moyen de paix générale; mais ce moyen, qui sera repoussé par tous les peuples comme indigne d'eux, par tous les vrais philosophes, comme un outrage à la nature humaine, est plus inexécutable dans le fait, que toutes les utopies et que tous les romans philosophiques et politiques, où l'on trouve au moins le mérite d'illusions nobles et d'intentions conformes à la dignité de notre être.

Quant à moi, je crois que l'ordre particulier de chaque société étant une fois établi, non par la force d'un pouvoir unique, mais par la convergence de volontés et de pouvoirs différents, vers un but unique, ainsi que dans les monarchies et les républiques bien constituées, il n'y a plus aucune difficulté à faire découler de cet ordre particulier l'ordre général, ou, en autres mots, la paix générale des sociétés.

Cela est facile, parce que cela est dans la nature des êtres moraux. Je vais essayer de me faire comprendre mieux, en empruntant des images de la nature des êtres physiques.

L'attraction physique est la loi générale des corps.

Le bonheur général de l'espèce humaine est la loi générale, ou le centre d'attraction politique des familles et des sociétés humaines.

Les familles, dans les sociétés bien réglées, je les compare aux substances qui obéissent à la plus petite force d'attraction, et qui, pourtant, sont susceptibles de la plus grande force de cohésion, c'est-à-dire, aux corps réunis par des affinités ou par des attractions chimiques.

Les monarchies et les républiques, considérées isolément, et indépendamment d'autres etats, et dont la constitution présente des pouvoirs unis par des lois essentielles des êtres intelligents et sociaux, je les compare aux planètes entraînant avec elles leur atmosphère, et leurs satellites, qui observent les distances proportionnées à leurs masses.

Enfin, ces mêmes monarchies ou républiques,

considérées dans leurs rapports avec d'autres états constitués comme elles, suivant les lois de l'attraction politique, je les compare aux divers corps célestes qui, réglés dans leurs mouvements, et assujettis au systême général de l'attraction, obéissent à des distances, et avec des masses différentes à cette loi générale.

J'ai dit monarchies ou républiques, car la forme intérieure est indifférente, du moment que les lois de la gravitation politique sont observées dans ces corps, du moment que les passions ont perdu leurs angles et leur excentricité; car alors, ces sphères politiques peuvent marcher comme les sphères célestes, seulement avec quelques perturbations. Mais cette marche régulière ne peut s'allier ni avec les caprices du despote, qui, nécessairement anguleux, sortent de la sphère de l'attraction politique, ni avec les volontés d'un conquérant, qui, absolument excentriques, menacent le systême entier de l'accroissement du bonheur de l'homme.

Le systême de l'attraction physique est doux, applicable en entier aux corps politiques. Et en effet, tous les désordres moraux ou politiques sont le résultat du mépris que l'individu, que la famille, que le corps d'un état, que les états entr'eux font de ce systême. On ne prétend pas pouvoir empêcher ces écarts par la preuve qu'on donne de leur danger, mais au moins on aura pu faire une chose utile, en montrant la bonne voie à de bons esprits, et en indiquant les sources du bonheur public aux êtres bienveillants qui peuvent influer sur les rapports des corps politiques dans les monarchies, ou sur les rapports des monarchies entr'elles. Tout ce que j'ai à ajouter ici, c'est que, pour conserver le systême moral d'où dépend le bonheur public, ce n'est pas trop de la force morale entière de chaque société.

Je me garderai donc bien de le confier à aucun homme seul. Si on était sûr d'avoir toujours sur le trône des Louis XVIII, des Alexandre, des Frédéric-Guillaume, ou des régents comme le prince de Galles, qui pourraient dignement représenter la bonté, la sagesse et la force morale, collectives de leurs empires, on pourrait sans danger leur abandonner le sort de millions d'hommes; mais l'hérédité de la monarchie, qui est excellente pour donner la stabilité et la force nécessaires au pouvoir, laisse toute entière la nécessité de prévenir l'excès de ce même pouvoir. Il faut qu'il soit limité, non par des entraves à son exercice légitime (car à sa force tient son utilité), mais par des moyens propres à empêcher ses abus et ses erreurs..... En effet, la nature est avare de grands hommes; et quoique les talents et l'habileté des gouvernants soient variables, les besoins moraux du peuple gouverné sont toujours les mêmes à toutes les époques.

Il faut donc que le pouvoir soit non seulement constant dans sa force, qui est un des éléments de l'attraction politique, mais aussi réglé dans sa direction; sans quoi, le corps politique pourrait être lancé hors de son orbite et éprouver un trouble intérieur, capable de déranger le système général entier. Les grands corps, dans les monarchies ou les républiques, présentent donc la seule force capable d'y maintenir l'ordre. Ces corps en effet n'ont pas les mêmes passions que les individus, et tendent au centre par leur masse; mais, de plus, quand ils sont composés de l'élite des nations, ils tendent au bonheur général par leur activité.

Je n'essaierai donc pas, comme M. de Bonald, d'obtenir le repos par la pression d'une grande force qui accable et paralyse l'action intérieure; mais en établissant l'ordre et la régularité des mouvements, et quelle que soit la rapidité ou la lenteur de ces mouvements dans les diverses sphères politiques, il me suffit que par leur nature ils ne puissent pas être excentriques. Ainsi, je laisse le plus grand développement possible à l'esprit humain; ainsi, j'impose la résistance la plus forte à ses déviations quelquefois si funestes et semblables à celles dont nous avons été témoins et victimes. Comme je ne crois pas impossible que le progrès des lumières, que l'intérêt même bien entendu des monarques leur fasse établir prochainement des monarchies limitées, je vois aussi comme très possible, et même comme plus prochain qu'on ne pense, l'établissement, je ne dis pas de la paix perpétuelle, puisqu'il est question ici d'hommes, et non de corps célestes, mais d'une balance perpétuelle. Et cette balance, on la cherchera en vain ailleurs, que dans la concurrence de gouvernemens libres et dirigés par une sagesse qui ne peut errer comme celle d'un individu.

Dans mon système, la force croissante d'un empire, la prospérité décroissante d'un autre, ne changent rien au principe qui établit un centre particulier d'action pour chaque état, et un centre général, qui est le même pour tous, et vers lequel ils tendent suivant la proportion de leurs forces.

J'ose conclure donc, que les divers états de l'Europe ne verront réellement leur liberté, leur indépendance assurées, que quand toutes les monarchies absolues seront devenues des monarchies limitées (1). Jusques là le courage des peuples ou

---

(1) Il importe également au bonheur de l'humanité que, dans toutes les monarchies, les Rois prennent l'initiative pour effectuer les grands changements que le laps de temps rend nécessaires. Le meilleur moyen d'éviter les révolutions, c'est d'écarter tout ce qui peut leur servir de prétexte ou d'excuse, et d'accorder tout ce que le perfectionnement des lumières leur rend à la fois désirable et nécessaire; c'est ainsi seulement que les lois peuvent se trouver en harmonie avec l'état des nations, sans qu'il en coûte, pour obtenir cet accord, des larmes à aucun citoyen. Les lois ne peuvent rester stationnaires, quand les sciences, les mœurs, les usages, les opi-

la modération des souverains seront la seule garantie de cette indépendance.

Ainsi, ce qui fait la sûreté intérieure des Etats établira aussi leur sûreté extérieure; ainsi, l'on trouvera l'équivalent de cet équilibre politique proprement dit, qui est impossible, puisque des causes physiques et morales que toute la sagesse humaine ne peut prévoir, que toute la force humaine ne peut empêcher, sont toujours là pour déranger les combinaisons des hommes qui veulent peser la puissance des empires. Ainsi, s'établira une connaissance générale de nos intérêts et de nos devoirs, telle, qu'au lieu de conquérir, en répandant des flots de sang, quelques terres incultes en Finlande, quelques rochers en Norvége, on ira fonder des colonies dans des pays favorisés par la Providence, du climat le plus agréable, des productions les plus variées, qui n'attendent que la main et l'industrie de l'homme.

C'est alors que, dans cette harmonie générale, chaque homme, réellement citoyen du monde, pourra se dire comme le voyageur de Goldsmith :

---

nions, tout enfin change autour d'elles. L'autorité publique, quelque nom qu'elle porte, doit donc établir l'équilibre entre l'état de jeunesse ou de maturité de la société et les lois qui la gouvernent; et c'est une maxime du droit naturel que la nécessité des variations du droit civil et du droit politique.

« Héritier de la création (1), le monde, le monde » entier est à moi. »

Oui, tout ce dont chaque individu pourra jouir sans nuire à un autre, il en jouira par l'effet d'une bienveillance universelle, qui rendra aussi la propriété plus assurée; et on trouvera des concitoyens partout où on respectera les principes communs à toutes les sociétés.

Oui, tout ce qui pourra appartenir à l'homme lui appartiendra, par un échange mutuel de bons offices, qui liera les nations entre elles comme les individus: échange où ceux à qui il restera une balance due seront payés au centuple dans le ciel, et soldés magnifiquement.

C'est alors que ravis d'un tel spectacle, les hommes sensibles au bonheur de leurs semblables s'écrieront comme Thompson: « Je ne puis aller » dans aucun lieu où l'amour (2) universel de » l'humanité n'ait étendu son charme et son em- » pire. »

Voilà cette perfection que nous pouvons espérer, car elle est conforme à notre nature; et c'est en vain qu'on voudrait me persuader qu'il y a quelque chose de trop élevé dans ce que ma faible intelligence a pu concevoir.

---

(1) Creation's heir, the world, the vorld is mine (Goldsmith).

(2) I cannot go where universal love smiles not arround.

(Thompson).

Que ceci reste au surplus un rêve pour ces enfants de l'intérêt qui disent que la vertu est un roman (1) ; il me suffira que le cœur de Louis, ce cœur possédé de l'insatiable ambition de faire des heureux, m'ait compris (2). Je n'ai fait que deviner une partie de ces projets sublimes qu'il a conçus pour le bonheur de sa patrie et de l'humanité; et si je me suis élevé ainsi plus haut que mes forces ordinaires ne le comportent, c'est que mon génie s'est allumé, comme celui d'un bon Français, au feu de la reconnaissance, quand j'ai senti le bonheur que je dois, avec tous mes concitoyens, au magnanime successeur de Louis XIV, au sensible frère de Louis XVI, au noble fils d'Henri IV, au père de tous les Français.

N. B. L'auteur de cet écrit, composé en décembre 1814, se félicite de la raison qui a fait perdre à son ouvrage une partie de son intérêt, puisqu'elle se trouve dans l'application même d'une partie des principes de justice qu'il a énoncés ; et qu'ainsi les résultats de la diplomatie aient devancé cette publication retardée par les soins ordinaires de la copie, de la censure et de l'impression. Il espère que tous les vœux qu'il a formés pour le bonheur de la patrie et de l'humanité recevront de même leur accomplissement.

(1) Virtue the sons of interest deem romance. (THOMPSON)

(2) The large ambitious wish to make them blest. (THOMPSON)

TABLE DES MATIÈRES.

ERRATA.

Page 2, revers du titre :

Shall guard contented France. From every harm ;

Lisez :

Shall guard contented France from every harm.

Page 4, revers du frontispice :

Her hope, her stay, her darling, et her boast ;

Lisez :

Her hope, her stay, her darling, and her boast.

Même page, ligne 15 : Rejeton illustre de héros et de rois patriotiques ; *lisez* : Rejeton illustre de héros et de rois patriotes.

Page 41, note, ligne 25 : Hugginas, *lisez* : Huggins.

www.ingramcontent.com/pod-product-compliance
Ingram Content Group UK Ltd.
Pitfield, Milton Keynes, MK11 3LW, UK
UKHW031922260826
14628UKWH00003B/1354

9 782012 464650